Soziale Plastik. Die Kunst der Allmende

Ein Essay zum 30. Todestag von Joseph Beuys

Jan Ulrich Hasecke

Erste Auflage 2016
© Jan Ulrich Hasecke 2016

Herausgeber:
Jan Ulrich Hasecke
Schubertstraße 4
42719 Solingen
Deutschland

Printversion:
ISBN-13 978-1523458769
ISBN-10 1523458763

literatur.hasecke.com

Umschlaggestaltung, Illustrationen: Bartosz Sasiński, Warschau

Den Ahnen.

» There is one power and only one that is greater than that which now chiefly rules society. That power is society itself. There is one form of government that is stronger than autocracy or aristocracy or democracy, or even plutocracy, and that is sociocracy. «
— (Lester Frank Ward (1841 – 1913), *The psychic factors of civilization*)

Inhalt

Vorwort

Am 23. Januar 2016 jährt sich der Todestag von Joseph Beuys zum dreißigsten Mal. Wenn es eines äußeren Anlasses bedurft hätte, um dieses Buch zu beginnen, so wäre mir das Datum sicher willkommen gewesen. 30 Jahre nach dem Tod des charismatischen Künstlers, so könnte ich das Vorwort beginnen, sei es an der Zeit, sich mit dem schillernden Begriff der *Sozialen Plastik* erneut auseinanderzusetzen. Jahrestage sind jedoch niemals Ansporn genug, sich den Mühen des Schreibens und den noch sehr viel größeren Qualen des Denkens zu unterziehen. Es bedarf eines inneren Antriebs, sich mit Beuys und seinem *Erweiterten Kunstbegriff* zu beschäftigen, und der meine war die bittere Erfahrung des Scheiterns. In den letzten Jahren sind unsere Hoffnungen auf eine menschlichere und gerechtere Welt wie eine Seifenblase zerplatzt. Alle politischen und gesellschaftlichen Bewegungen, die sich zu Beginn des Jahrhunderts aufgemacht hatten, die Welt zu verbessern, haben so gut wie nichts bewirkt. Die Occupy-Bewegung ist versandet, die Piratenpartei gescheitert, die Empörten sind verstummt und der arabische Frühling endete in Chaos, Bürgerkrieg, neuer Diktatur, Flucht und Vertreibung. Der Kapitalismus, der uns alle versklavt und die Welt zerstört, triumphiert in seiner postmodernen, neoliberalen Rüstung so unangefochten wie nie zuvor. Dabei schien der Wunsch nach Veränderung niemals größer gewesen zu sein, als in den letzten zwei Dekaden.

Die Zeit, in der Joseph Beuys gewirkt hat, ähnelte der unsrigen. Das zweite Jahrzehnt des 21. Jahrhunderts und die 70er Jahre des 20. haben vieles gemeinsam. Als Beuys 1978 seinen ›Aufruf zur Alternative‹[1] veröffentlichte, durchlebten wir eine Zeit, in der existenzielle Krisen und politische Stagnation ein absurdes Gemisch bildeten. Der Kalte Krieg nahm kein Ende und Veränderung schien unmöglich. Und ganz genau so wie damals, als uns erstmals die Grenzen des Wachstums aufgezeigt wurden[2], empfinden wir auch heute unsere Ohnmacht, etwas zu ändern, um so stärker, je deutlicher uns zu Bewusstsein kommt, dass wir das Steuer so schnell wie möglich herumreißen müssen. Anstatt die Welt verbessern und für alle Menschen lebenswerter machen zu können, müssen wir machtlos zusehen, wie alles zusammenbricht. Wenn man die Zeiten miteinander vergleicht, so glaubt man Spiegel-Jahrzehnte vor sich zu haben. In den späten 70ern zerschlugen sich die letzten Hoffnungen der Studentenunruhen von 1968 auf einen gesellschaftlichen und politischen Neubeginn. 2013 verwandelte sich das Internet, in das wir all unsere utopischen Hoffnungen gesetzt hatten, in eine Überwachungs-Dystopie ungeahnten Ausmaßes. Die Werte der europäischen Aufklärung, unsere Freiheit, unsere Demokratie und unser Rechtsstaat erweisen sich als Trugbilder, die sich im Licht politischer Enthüllungen in Luft auflösen. Mitgefühl, Aufrichtigkeit, Menschlichkeit und Vernunft weichen niedersten, rassistischen Instinkten, die unter dem dünnen Lack der Zivilisation hervorbrechen. Die letzte glückliche Zeitenwende lag damals wie heute eine Generation zurück. In den 70er Jahren nannte man den großen historischen Einschnitt in der Mitte des Jahrhunderts, das 30 Jahre zurückliegende Ende des Krieges und der Hitler-Diktatur in Deutschland, die Stunde Null. Heute sehen wir in dem Zusammenbruch der sozialistischen

---

[1] Beuys, Joseph: Aufruf zur Alternative. In: Frankfurter Rundschau Frankfurt (1978).

[2] Kaiser, Reinhard: Global 2000: der Bericht an den Präsidenten. Frankfurt am Main 1981.

Regime in Osteuropa und Russland die letzte große weltpolitische Zäsur. Beide Ereignisse hatten Hoffnungen auf eine heilere und gerechtere Welt genährt, doch eine Generation später waren die Träume bereits verflogen. Damals in den späten 70er Jahren und heute haben viele Menschen das Gefühl, dass es so nicht mehr weiter gehen kann, dass sich etwas Grundlegendes verändern muss. Und damals wie heute scheiterten die emanzipatorischen Bewegungen, denn wir sind offensichtlich unfähig, einen Wandel zum Besseren zu gestalten.

Aus nächster Nähe habe ich das Scheitern der Piratenpartei miterlebt. Ihm ging eine kurze Zeit des Gelingens voraus. Mit der Piratenpartei, so schien es, hatte etwas Neues begonnen. Man traute den Piraten zu, die parteipolitisch zersetzte und völlig korrumpierte Demokratie zu reformieren. Die Erfolge blieben nicht aus, denn die Menschen sehnen sich im Grunde ihres Herzens nach Veränderung. Doch dann schlug der Wind um. Wenn man heute fragt, was falsch und was richtig gemacht wurde, so erhält man viele verschiedene Antworten, die trotz aller Widersprüchlichkeiten bei näherem Hinsehen auf das Gleiche hinauslaufen. In der Zeit des Gelingens glich die Piratenpartei einem lebendigen Gebilde, das zwar bunt und schillernd war, aber mit großer Beharrlichkeit ein gemeinsames Ziel verfolgte. Solange das Gemeinsame überwog, war die oft schrille Individualität ihrer Mitglieder eine der größten Stärken dieser jungen Partei. Irgendwann aber fasste man die Dinge falsch an und das Gebilde zerfiel. Den Prozess des Scheiterns zu verstehen, ist schwierig. Das übliche politische Vokabular ist zu arm, um das Wirken von Menschen innerhalb und außerhalb einer Gemeinschaft wie der Piratenpartei angemessen zu beschreiben. Man verliert sich schnell in organisatorischen, politischen und psychologischen Phrasen, die alle eine gewisse Plausibilität besitzen, aber im Grunde nur die Ratlosigkeit verdecken, mit der man den schnellen Aufstieg und den noch viel schnelleren Abstieg beobachtet hat. Eins ist jedoch ganz offensichtlich. Bei der Pflege des sozialen Gebildes Piratenpartei sind Fehler gemacht worden. Aber die Fehler zu beschreiben und aus ihnen zu lernen, ist ebenso schwierig, wie die Fehler, die ein Kunstwerk verderben, zu erkennen und im künstlerischen Schaffensprozess fortan zu vermeiden. Man hat es in der Kunst wie im sozialen Leben mit Regeln und Regelverstößen zu tun, die nicht per se gut oder schlecht sind. Jedes große Kunstwerk gehorcht seinen eigenen Regeln und jedes echte Kunstwerk muss diese Regeln brechen, um in der Überschreitung seiner selbst und seiner sich selbst gesetzten Grenzen einzigartig zu werden. Der Streit darüber, was eine solche Überschreitung ausmacht, füllt kunsthistorische Bibliotheken. Gilt für soziale Bewegungen vielleicht etwas Ähnliches? Sind soziale Bewegungen Plastiken, die ihre eigenen Regeln aufstellen und brechen müssen, wenn sie einzigartig sein wollen? Scheitern sie, wenn ihnen dieses besondere Etwas fehlt?

Diese Fragen trieben mich um, als ich im Herbst 2014 zufällig wieder auf den Begriff der *Sozialen Plastik* stieß. Er war mir entfallen, da er in einer kunsthistorischen Schublade feststeckte, in die ich seit Jahren nicht mehr hineingeschaut hatte. Plötzlich aber war der Begriff wieder da, genau in dem Augenblick, als ich ihn brauchte. Sehr schnell übertrug sich die Faszination für den *Erweiterten Kunstbegriff* auf die Person, die ihn in die Welt setzte: auf Joseph Beuys. Mit einer Verspätung von 35 Jahren begann ich mich mit einem der wichtigsten Künstler des 20. Jahrhunderts auseinanderzusetzen. Mir waren bis dahin nur allgemeine Informationen geläufig. Das Werk ›Unschlitt‹ hatte mich begeistert. Ich begegnete ihm in den 80er Jahren im Museum Abteiberg in Mönchengladbach und es war ein einzigartiges Erlebnis. Die monumentalen Fettblöcke, die im Inneren noch warm waren, Wärme ausstrahlten oder meine Körperwärme reflektierten – ich konnte das nicht entscheiden – wirkten fast physisch auf mich. Die Aktion ›7000 Eichen‹ hatte ich in den Medien verfolgt, aber der größere Teil von Beuys' Werk war mir weitgehend unbekannt.

Bei der Beschäftigung mit den Zeichnungen, Plastiken und Aktionen von Beuys passierte etwas völlig Unerwartetes. Ich erkannte, dass ich in seinem Werk keine Aufklärung über den Begriff der *Sozialen Plastik* zu erhoffen hatte. Ein Kunsthistoriker wird das sicher anders sehen, aber mir erscheint das Werk von Beuys – bis auf wenige Ausnahmen – nicht als eine Realisierung seines Erweiterten Kunstbegriffs. In seinen Schriften, seinen Vorträgen und seinen Interviews fand ich dagegen eine Fülle von Material, mit dessen Hilfe ich mir den Begriff der *Sozialen Plastik* aneignen konnte. Nicht umsonst bezeichnen viele Beuys-Kenner sein theoretisches und pädagogisches Schaffen als ebenso wichtig wie sein plastisches und zeichnerisches Werk.

Dieses Buch ist nicht der Versuch, das Werk von Beuys zu interpretieren. Und es kam mir auch nicht darauf an, den Begriff der *Sozialen Plastik* im Sinne von Beuys zu rekonstruieren. Ich wollte herausfinden, ob und wie man den Erweiterten Kunstbegriff sinnvoll einsetzen kann, um Auswege aus der sozialen Krise zu finden, in der wir uns befinden. Dieses Buch ist deshalb weder eine kunsthistorische Abhandlung, noch ein kulturpolitischer oder biografischer Essay über Joseph Beuys. Es ist das hoffentlich aufschlussreiche Protokoll meines Ringens mit dem Erweiterten Kunstbegriff.

Ich danke den Menschen, die mir beim Schreiben dieses Buches geholfen haben, insbesondere meiner wundervollen

Frau Bogusia, die Korrektur gelesen und letzte Fehler ausgemerzt hat.
Solingen im Januar 2016

Ein Begriff fürs Museum?

Nach dem Tod von Joseph Beuys ist es um die *Soziale Plastik* bedeutend stiller geworden. Ohne die starke mediale Präsenz der charismatischen Künstlerpersönlichkeit verschwand der *Erweiterte Kunstbegriff* aus dem Blickfeld der Öffentlichkeit und trat gemeinsam mit den Werken von Beuys unter dem Label ›Klassische Moderne‹ den Weg ins Museum an.[3] Zwar knüpften jüngere Künstler an seine Ideen an, aber bis auf den Theaterregisseur und Filmemacher Christoph Schlingensief[4] konnte keiner auch nur eine annähernd so große Wirkung wie Beuys erzielen. Die Beuys-Schülerin Shelley Sacks, heute Professorin für Soziale Plastik und Interdisziplinäre Kunst an der Oxford Brookes Universität, hat aufbauend auf dem Erweiterten Kunstbegriff Ansätze zu einer ästhetischen Praxis des Wandels entwickelt.[5] Aber ihr Einfluss in der Öffentlichkeit ist ebenso gering wie der anderer Künstler, die sich auf Beuys berufen und in seiner Tradition stehen.

Die Ideen von Beuys sind direkt oder indirekt in vielfältiger Weise aufgenommen, erweitert, verändert und verarbeitet worden. Die Wirkung von Beuys ist alles andere als einheitlich. Er war und ist nicht nur als Künstler, sondern auch als Person umstritten. Die einen verehren ihn als wegweisenden Künstler und Erneuerer, die anderen bezeichnen ihn als Scharlatan.

---

[3] Scholl, Mareen: Soziale Plastik 48 Stunden Neukölln. (2012). Internet: http://magazin.cultura21.de/_data/magazin-cultura21-de_addwp/2012/03/Mareen_Scholl_c21_ebook_vol5.pdf. Zuletzt geprüft am: 3.2.2015. S. 66.

[4] Der wahre Erbe von Joseph Beuys: Zum Tod Christoph Schlingensiefs Monopol - Magazin für Kunst und Leben. 2010. Internet: http://www.monopol-magazin.de/artikel/20101739/Christoph-Schlingensief-gestorben.html. Zuletzt geprüft am: 4.2.2015.

[5] Sacks, Shelley/Kurt, Hildegard: Die rote Blume: ästhetische Praxis in Zeiten des Wandels. Klein Jasedow 2013.

Jede neue Würdigung seiner Person und seines Schaffens, wie zuletzt durch die Biografie von Hans-Peter Riegel[6], provoziert ihrerseits lebhafte Kontroversen. Beuys war nicht nur Künstler und Pädagoge, sondern auch Theoretiker und Politiker. Es ist daher kein Wunder, dass man höchst unterschiedliche Personen und Organisationen zu seinen Nachfolgern zählen kann. So übernahm beispielsweise der 1988 gegründete Verein ›Mehr Demokratie‹ den Staffelstab von der ›Organisation für direkte Demokratie durch Volksabstimmung‹, mit der Beuys auf der documenta 5 in Kassel 1972 präsent war. Der Verein ›Mehr Demokratie e.V.‹ erwarb sich insbesondere in den letzten Jahren mit seiner politischen Arbeit ein Renommee als Vertreter von Bürgerinteressen. In der Piratenpartei lassen sich Einflüsse der Beuys'schen Ideenwelt nachweisen, wie ich in »Beuys und die Piratenpartei« gezeigt habe.[7] Politische Aktivisten und engagierte Aktionskünstler wie zum Beispiel das ›Zentrum für politische Schönheit‹[8] stehen – wenn auch nicht immer explizit – in der Tradition der Beuys'schen Aktionskunst. Dem scharlateneskem Erbe von Beuys zuzurechnen sind Spaßaktivisten wie Martin Sonneborn, die mit satirischen Aktionen die Mängel unserer Demokratie offenlegen.

Der *Erweiterte Kunstbegriff* und der Begriff der *Sozialen Plastik* wurden nach dem Tod von Beuys vor allem bei der theoretischen Einordnung der alternativen Kunstszene oder aktionistischer Kunstformen gerne in Anschlag

---

[6] Riegel, Hans-Peter: Beuys. Die Biographie. Auflage: 1. Berlin 2013.

[7] Hasecke, Jan Ulrich: juh's Sudelbuch. Zweiter Bd. 2015. S. 514.

[8] Einen Einblick in die Arbeitsweise des Zentrums für politische Schönheit gibt der Vortrag von Stefan Pelzer und Philipp Ruch auf dem Chaos Communication Congress in Hamburg. Vgl. Pelzer, Stefan/Ruch, Philipp, C3TV - Mit Kunst die Gesellschaft hacken. 31C3: a new dawn, Hamburg 2015. Internet: http://media.ccc.de/browse/congress/2014/31c3_-_6584_-_de_-_saal_2_-_201412271400_-_mit_kunst_die_gesellschaft_hacken_-_stefan_pelzer_-_philipp_ruch.html\Ux{23}video. Zuletzt geprüft am: 4.2.2015

gebracht. Immer dann, wenn ereignishafte kulturelle Phänomene, die mit politischen Implikationen verknüpft sind, begrifflich erfasst werden sollen, greifen Kritiker und Feuilletonisten gerne auf die Begrifflichkeiten von Beuys zurück. So beschreibt beispielsweise Mareen Scholl das Kulturfestival »48 Stunden Neukölln« als gemeinschaftliche Arbeit an einer Sozialen Plastik.[9] Die Thesen von Beuys sind kunsthistorische Fixpunkte, die gerne zitiert werden.[10] Vor allem seine Aktion »7000 Eichen – Stadtverwaldung statt Stadtverwaltung« wird als Archetypus gesehen, der in mannigfaltiger Weise fortentwickelt wird.[11] Innovative Protestformen wie Blockupy werden in Ermangelung anderer Metaphern oft als Soziale Plastiken wahrgenommen.[12] Die ›Soziale Plastik‹ ist fast zu einem geflügelten Wort geworden, das wie der ›lange Marsch durch die Institutionen‹ in den unterschiedlichsten Zusammenhängen verwendet werden kann. So bezeichnen beispielsweise die Organisatoren eines Hungerstreiks gegen Hartz-IV-Sanktionen, bei dem sich die Hungernden wie in einem Staffellauf ablösen, ihren Protest als eine Soziale Plastik im Sinne von Beuys.[13] Der Erweiterte Kunstbegriff hat dabei seine Prägnanz verloren, falls er überhaupt jemals trennscharf verwendet wurde, und entwickelte sich zu einer kreativen Leerstelle, die als abstrakter Bezugspunkt für Phänomene dient, die sich

---

[9] Vgl. Scholl, Mareen: Soziale Plastik 48 Stunden Neukölln.

[10] Vgl. den Aufsatz von Karin M. Hofer über Flashmobs und ihre historischen Vorläufer: Hofer, Karin M.: Fluxus, Event, Flashmob und res publica-Beispiel eines Kulturellen Kreislaufs. 4 (2012). Internet: http://edoc.hu-berlin.de/docviews/abstract.php?id=39661. Zuletzt geprüft am: 19.5.2015.

[11] Vgl. 7000 Eichen, Joseph Beuys. Hrsg. v. Fernando Groener/ Rose-Maria Kandler. Köln 1987; Beuys, Joseph/Fuchs, Rudi: 30 Jahre: Joseph Beuys, 7000 Eichen. Köln 2012.

[12] Spottiswoode, Silvio: Protest als soziale Plastik. (2014). Internet: https://www.freitag.de/autoren/auerbach/protest-als-soziale-plastik. Zuletzt geprüft am: 3.2.2015.

[13] Unsleber, Steffi: Bedingungsloses Grundeinkommen: Hungern gegen Hartz IV. (2013). Internet: http://www.taz.de/!117745/. Zuletzt geprüft am: 19.5.2015.

den traditionellen kunsthistorischen und ästhetischen Begriffen entziehen – oder entziehen wollen. Die Soziale Plastik dient heute als theoretischer Anker, der kollektive Formen des Kunstschaffens und kreative Formen des politischen Protests an eine kunsthistorische und sozialpolitische Tradition bindet. Marginalisierten Formen des künstlerischen und gesellschaftlichen Protestes verleiht der Begriff so eine gewisse utopische Potenz.

Ob der Begriff der Sozialen Plastik von den Zeitgenossen des Künstlers richtig verstanden wurde, ist eine Frage, die hier zu weit führen würde. Unser heutiges Verständnis von Beuys und seinen Ideen wird jedoch dadurch erschwert, dass uns die Zeitenwende von 1989 von dem Künstler trennt. Da Beuys 1986 gestorben ist, konnte er die fundamentalen Umwälzungen, die das Gesicht Europas nach dem Fall der Mauer veränderten, nicht mehr kommentieren. Dass ist vor allem deshalb bedauerlich, da der Fall der Mauer im Herbst 1989 geradezu als Prototyp einer Sozialen Plastik gelten kann. Es war das kollektive Verhalten von DDR-Bürgern, die entweder massenhaft das Land verließen oder auf Demonstrationen ihre politischen Rechte einforderten, das das einst so sattelfest erscheinende Regime innerhalb weniger Wochen wie ein Kartenhaus zusammenbrechen ließ. Und als die erste Bresche in die monströse Mauer geschlagen war, strömten auch schon die Menschen aus Ost und West herbei, um sie mit Hammer und Meißel Stück für Stück zu beseitigen. Die unablässige Arbeit der so genannten Mauerspechte wurde ohne bewusste Absicht zu einer großen kollektiven Kunstaktion. Kleine und große Bruchstücke der Mauer, die einst die Welt in zwei Lager teilte, ja sogar winzige Splitter wurden wie kleine Kunstwerke in alle Welt verkauft. Entstanden vor der Zeitenwende von 1989 ist die Soziale Plastik ein Begriff des letzten Jahrhunderts, das auch den Rahmen für das wechsel-volle Leben von Beuys und seinen Zeitgenossen bildete. Beuys wurde 1921 geboren, wuchs kleinbürgerlich auf, erlebte als junger Mann den Zweiten Weltkrieg und etablierte sich unter vielen Mühen und Metamorphosen als Künstler in der alten Bundesrepublik Deutschland. Er formulierte seine Ideen in einer Zeit der angespannten Stagnation, als sich Ost und West in zwei hochgerüsteten Militärblöcken feindlich gegenüberstanden und Deutschland geteilt war. Man kann das 20. Jahrhundert als ein Schlachtfeld begreifen, auf dem der Kapitalismus mit dem Sozialismus um die Vorherrschaft kämpfte. Und auf diesem verminten Gelände entwickelte Beuys seinen Erweiterten Kunstbegriff. Doch nur drei Jahre nach dem Tod von Beuys änderte sich schlagartig die weltpolitische Lage. Die Mauer fiel, der Warschauer Pakt löste sich auf, der Kapitalismus hatte den Sozialismus niedergerungen.

Diese Umwälzungen veränderten auch die Kunstszene. Ende der 80er und Anfang der 90er Jahre konzentrierten sich die künstlerischen und politischen Kreise in Deutschland auf die neuen Perspektiven, die sich aus dem Zusammenbruch des Warschauer Paktes, dem Ende der Sowjetunion, der deutschen Wiedervereinigung und der plötzlich überall spürbaren Globalisierung ergaben. Gleichzeitig bemühten sich die Grünen, zu deren Gründungsmitgliedern Beuys gehörte, um eine Institutionalisierung ökologischer Zukunftsvisionen. Während das Ende des real existierenden Sozialismus das Zeitalter des Neoliberalismus einläutete, dessen gesellschaftsformativen Kräfte in den Jahren nach 1989 zur vollen Entfaltung kamen, führte die Institutionalisierung ökologischer Forderungen aus den 70er Jahren nicht zu dem von vielen erhofften Ziel einer ökologischen und humanen Gesellschaft, sondern lediglich zur Bildung der ersten rotgrünen Bundesregierung unter dem neoliberalen Kanzler Gerhard Schröder. Der Zusammenbruch der Sowjetunion und die darauf folgende politische Umgestaltung Europas löste eine Krise der gesellschaftspolitischen Utopien des 20. Jahrhunderts aus, die bis heute anhält. Die Neuordnung der europäischen Landkarte und das vor allem durch die asiatischen Märkte angefeuerte Wirtschaftswachstum verdrängten die soziale Frage aus dem Bereich der politischen Utopie in den ebenso glamourösen wie spießbürgerlichen Charity-Bereich. Band Aid und die Tafeln sind aus dem gleichen Holz des 1989 entwurzelten, sozialutopischen Baumes geschnitzt. In diesem neoliberalistischen Umfeld verkümmerte die Idee der Sozialen Plastik zu einer kunstpädagogischen Randnotiz in Waldorf-Schulen. Der Erweiterte Kunstbegriff, einst bürgerschreckend und revolutionär, verweste langsam aber sicher in Seminararbeiten.

Altes Denken in neuem Filz?

Weit über seinen Tod hinaus wurden Beuys und sein Wirken von den einen überschwänglich verehrt und von den anderen kopfschüttelnd ignoriert. Erst spät setzte die kritische Auseinandersetzung ein. Zahlreiche Legenden, die sich um seinen Lebenslauf ranken und die Beuys selbst gerne befördert hat, konnten sich so bis in die jüngste Vergangenheit hinein erhalten. In seiner gut recherchierten Biografie[14] deckt Hans-Peter Riegel nicht nur Unstimmigkeiten in Beuys Lebenslauf auf, er analysiert auch den Einfluss von Rudolf Steiner auf Denken und Werk des Künstlers. Er spürt seinen Verbindungen zu anthroposophischen Kreisen nach und entdeckt bei dem Künstler eine Nähe zu völkischem Gedankengut. Das ist bemerkenswert, denn Beuys wurde zwar zu seinen Lebzeiten oft als Scharlatan bezeichnet, aber so gut wie nie als völkisch denkender Reaktionär. Viele sahen in ihm einen radikalen Erneuerer der Kunst, der ein sozialpolitisch revolutionäres Programm verfolgt und eher dem linken Spektrum zuzurechnen ist. Bis heute gilt es als ausgemacht, dass sein Erweiterter Kunstbegriff in den Kontexten, in denen er gebraucht wird, eine subversive Methode beschreibt, mit der Künstler und Aktivisten auf gesellschaftspolitische Probleme aufmerksam machen wollen. Wenn man aber Äußerungen von Beuys zur Sozialen Plastik heute aus zeitlicher Distanz genauer betrachtet, erkennt man schnell die problematischen Dimensionen seines Denkens. Da ist vor allem der totalitär-utopische Anspruch, den Beuys formulierte. So sagte er in Bezug auf seinen erweiterten Kunstbegriff und die Soziale Plastik:

---

[14] Riegel, Hans-Peter: Beuys.

» Was ist Plastik? Ich habe versucht, eben diesen Begriff in seine Grundkräfte aufzuspalten. Dann kommt man auf ganz klare Sachen und stellt fest, daß der aufgespaltene Begriff von Plastik im Grunde ein anthropologischer Begriff ist. Dann kommt man aber auch darauf, daß dieser anthropologische Begriff von sich aus fordert, daß ein Kunstbegriff entwickelt werden muss, der sich tatsächlich auf jedermann beziehen kann, also zu einem echten anthropologischen Begriff wird, zu einem Jedermannbegriff, zu einem Begriff für den Menschen selbst, der Allgemeingültigkeit, der objektiven Charakter hat. Dann ist man aber auch ganz konsequent gezwungen, einen neuen Kunstbegriff auszubilden. Der heißt ganz einfach: Wie kann jedermann, d.h. jeder lebende Mensch auf der Erde, ein Gestalter, ein Plastiker, ein Former am sozialen Organismus werden? «[15]

Der Kunstbegriff, den Beuys entwickeln will, soll demnach ein *allgemein gültiger, anthropologischer* sein. Ein universal anthropologischer Kunstbegriff ist aber in der zweiten Hälfte des 20. Jahrhunderts spätestens seit dem Aufkommen poststrukturalistischer Diskurse ein Anachronismus. Beuys schließt mit seinem Universalismus nahtlos an philosophische Traditionen an, deren universaler Gültigkeitsanspruch zu seinen Lebzeiten längst an der Wirklichkeit des Jahrhunderts zerschellt war. Der Anspruch auf universale Gültigkeit erscheint uns zunächst ein Erbe der bürgerlichen Aufklärung zu sein. Doch in Wirklichkeit reicht diese Tradition viel weiter zurück.

---

[15]   Harlan, Volker/Rappmann, Rainer/Schata, Peter: Interview mit Joseph Beuys. In: Soziale Plastik: Materialien zu Joseph Beuys. 3. erweiterte und ergänzte Auflage. Achberg 1984. S. 20.

Sie reicht bis in die römisch-griechische Antike, in der erstmals in der europäischen Geschichte universale philosophische Systeme entstanden sind. Mit dem Alexanderreich, dem Hellenismus und schließlich dem Römischen Reich entwickelte sich die politische Idee der Oikumene. Diese Vorstellung eines Weltreiches mit einheitlichen Gesetzen und zentraler Herrschaft prägte das christliche Mittelalter und rechtfertigte, vermittelt über die Aufklärung, deren Dialektik heute sprichwörtlich ist, den Imperialismus der europäischen Mächte. Heute tritt uns die Idee der Oikumene als Globalisierung entgegen. Seine fratzenhafteste Ausprägung findet der Universalismus in den totalitären Ideologien des 19. und 20. Jahrhunderts. Im Nationalsozialismus behauptet der Rassebegriff universelle Gültigkeit, im Marxismus ist es der Begriff vom Klassenkampf. Und bei Beuys übernimmt die Plastik oder das Plastische diese Funktion. Mit seinem Anspruch auf allgemeine und universale Gültigkeit steht Beuys in einer langen, wirkungsmächtigen und gleichzeitig sehr problematischen Tradition. Er hat seine Position in dieser Tradition jedoch nie selbstkritisch hinterfragt. Trotzdem erscheint er in seinen theoretischen Äußerungen – und natürlich auch in seinem Werk – als ein Rebell. Dieser Widerspruch löst sich auf, wenn man erkennt, dass Beuys vor allem deshalb als Rebell erscheint, weil er an die anthroposophische Paralleltradition anschließt. Die eklektische Lehre von Rudolf Steiner ist weder an die modernen Naturwissenschaften, noch an wichtige intellektuelle Strömungen des 19. und 20. Jahrhunderts anschlussfähig. Als esoterisches Gedankengebäude behauptet sie, einen dritten, alternativen Weg zu gehen und entzieht sich damit jeder

Kritik.[16]. Der Begriff von der Plastik, der Beuys vorschwebt, ist aber nicht nur von allgemeiner Gültigkeit. Es soll ein *anthropologischer* Begriff sein. Um Missverständnisse gleich auszuschließen: Wenn Beuys von Anthropologie spricht, so meint er weder die naturwissenschaftliche noch die philosophische Anthropologie, sondern die Anthroposophie Rudolf Steiners, zu dessen Adepten er zählte. Schauen wir uns deshalb Steiner ein wenig genauer an. Rudolf Steiner, der mit seiner synkretistischen Geistes- und Geheimwissenschaft die spirituellen Bedürfnisse seiner Anhänger zu Beginn des 20. Jahrhunderts befriedigte, will die soziale Welt unter anderem mit seiner allgemeingültigen Dreigliederungstheorie erklären. Diese Idee spielt im Denken von Beuys eine gewisse Rolle, deshalb sei sie hier kurz skizziert. Die Dreigliederungstheorie besagt, dass die Gesellschaft aus drei autonomen Bereichen besteht: dem Geistesleben, dem Rechtsleben und dem Wirtschaftsleben. Die drei Bereiche sind gleichrangig zu betrachten und bilden zusammen den sozialen Organismus der Gesellschaft. Den Bereichen ordnet Steiner, und dies ist ein interessanter ordnungspolitischer Gedanke, die Ideale der Französischen Revolution zu, die er als Leitprinzipien der autonomen Bereiche versteht. Das Geistesleben werde von der Freiheit, das Rechtsleben von der Gleichheit und das Wirtschaftsleben von der Brüderlichkeit geprägt. Die Dreigliederungstheorie ist bis heute in anthroposophischen Kreisen eine bestimmende – man könnte auch sagen – fixe Idee.[17] Sie vereinfacht die Sicht auf die Gesellschaft und scheint eine der vielen Heilslehren zu sein, die mit der Zahl Drei spielen.

---

[16] Riegel interpretiert das Werk von Beuys als Ausdruck anthroposophischer Ideen. Es gelingt ihm so manch Rätselhaftes in dessen Werk aufzuklären. Siehe dazu Riegel, Hans-Peter, Beuys

[17] Vgl. Soziale Dreigliederung. 2015. Internet: https://de.wikipedia.org/w/index.php?title= Soziale_Dreigliederung&oldid=147101786. Zuletzt geprüft am: 13.11.2015.

Halten wir fest: Beuys steht mit seinem universalistischen Anspruch in einer langen europäischen Tradition, die er aber nicht kritisch hinterfragt; gleichzeitig schließt er sich ebenfalls völlig unkritisch und noch dazu in camouflagierter Form an die Paralleltradition Steiners an.[18]

Neben dem Anspruch auf Allgemeingültigkeit und ihren anthroposophischen Wurzeln enthält die Idee der Sozialen Plastik einen weiteren problematischen Aspekt. So bezeichnet Beuys die Gesellschaft, die er formen will, als *sozialen Organismus*. Damit fällt ein Stichwort, das sein Denken in die problematische Tradition des griechischen Philosophen Platon stellt. Platon vergleicht in seinem Dialog ›Politeia‹ den Staat mit dem menschlichen Organismus beziehungsweise der menschlichen Seele, die nach antiker Vorstellung aus drei Teilen, dem Begehrungsvermögen, der Tapferkeit und der Weisheit, bestehe. Wie die Seele so sei auch der ideale Staat aus drei Teilen, in diesem Fall aus drei Ständen aufgebaut: den Bauern und Handwerkern, die dem Begehrungsvermögen, den Soldaten, die der Tapferkeit, und den Philosophenherrschern, die der Weisheit entsprechen. Damit suggeriert Platon, dass sein Staat organisch und damit der Natur entsprechend aufgebaut sei. Karl Popper zeigt jedoch, dass man die Organismus-Analogie nur auf geschlossene Gesellschaften anwenden kann, also auf ursprüngliche, tabuistische Stammesgesellschaften, wie es sie selbst zu Platons Zeiten in Griechenland mit der einzigen Ausnahme Spartas nicht mehr gegeben hat. Platos Staat war von Anfang an keine Utopie, sondern ein Anachronismus. Der Philosoph zeichnet in seinem Dialog einen, wie Popper es ausdrückt, *versteinerten Staat*, in dem jede Veränderung

---

[18] Riegel beschreibt in seinem Buch, wie Beuys mit seiner Begeisterung für Steiner im Freundes- und Bekanntenkreis immer wieder auf Ablehnung stieß und deshalb einige Jahre nicht einmal mehr mit engen Vertrauten über Steiner sprach.

zum Stillstand gekommen ist.[19] Die Stände des Platonischen Staates sind durch unüberwindliche Grenzen voneinander getrennt, ein Wechsel von einer Kaste in die andere ist ausgeschlossen. Gerechtigkeit definiert Platon völlig anders als seine Zeitgenossen und wir. Gerechtigkeit für Individuen gibt es nicht, einzig der Staat kann Gerechtigkeit beanspruchen, und ein Staat ist dann gerecht, wenn jede seiner drei Klassen ihrer eigenen Arbeit nachgeht. Oder, wie Popper es ausdrückt, »der Grundsatz, daß jede Klasse ihrer eigenen Arbeit nachgehen solle, bedeutet, kurz und bündig, *daß der Staat gerecht ist, sobald nur der Herrscher herrscht, der Arbeiter arbeitet und der Sklave front.*«[20] Platon empfiehlt neben erzieherischen auch eugenische Maßnahmen, um Menschen zu züchten, die den jeweiligen Anforderungen ihrer Kaste perfekt angepasst sind. Trotz dieser totalitären und rassistischen Züge war die fatale Organismus-Analogie recht folgenreich und wurde von späteren Philosophen häufig übernommen und abgewandelt. Immer dann, wenn vom Staat als von einem *Organismus* die Rede ist, gilt es wachsam zu sein, denn innerhalb eines Organismus haben die Teile nur eine untergeordnete funktionale Aufgabe. Das Individuum wird dann schnell zu einem Rädchen im kollektiven Körper, das keine eigene Bestimmung und mithin auch keine individuellen Rechte besitzt.

Der fragwürdige Hintergrund des Beuys'schen Kunstbegriffes, der in dem oben angeführten Zitat hervorsticht, ist damals offensichtlich niemandem aufgefallen. Die bürgerliche Kritik hatte sich zu schnell auf den Scharlatan eingeschossen, hinter dem niemand einen totalitären Denker vermutete. Der emanzipatorische Impetus von Beuys, mit dem er seine The-

---

[19] Kiesewetter, Hubert/Popper, Karl R.: Gesammelte Werke 5: Die offene Gesellschaft und ihre Feinde, Band 1: Der Zauber Platons. 8., A. Tübingen 2003.

[20] Ebd., S. 109.

sen vortrug, verdeckte vermutlich für die Zeitgenossen die problematischen Perspektiven seines Denkens. Denn Beuys trieb geradezu im Widerspruch zu Platons Staatsidee den Gedanken der Mitbestimmung auf die Spitze, wenn er hartnäckig fragte, wie »jeder lebende Mensch auf der Erde, ein Gestalter, ein Plastiker, ein Former am sozialen Organismus werden« könne. Implizit forderte Beuys damit, dass jeder Weltbürger an der sozialen Plastik, dem sozialen Weltorganismus mitgestalten solle. Vielleicht schützte ihn das Utopische seiner Forderungen vor der Nachfrage, was er denn genau unter einem *sozialen Organismus* verstehe. Sein Anspruch nahm auch geradezu grotesk planetare Dimensionen an, denn er wollte nicht mehr und nicht weniger, als dass »jeder Mensch fähig [wird], an einer lebendigen Substanz zu formen, also wirklich etwas Lebendiges zu schaffen. Das geht bis in die Konsequenz, daß er sich seinen ganzen Planeten, den er für die zukünftige Entwicklung braucht, selbst schafft. Das wäre ein Jupiteraspekt.«[21]

Weder die Zeitgenossen noch seine heutigen Apologeten und Kritiker haben den Begriff des *sozialen Organismus* kritisch hinterfragt. Die meisten betrachten ihn vermutlich als ein Synonym der Sozialen Plastik und übersehen die problematischen Bezüge des Begriffs, die seit Popper eigentlich offensichtlich sein sollten. Vielleicht überlagerte der Nachdruck, den Beuys auf die Begriffe Mitbestimmung und Mitwirkung gelegt hat, den Begriff des sozialen Organismus und machte seine problematische Herkunft unkenntlich. Das Engagement von Beuys für mehr Mitbestimmung war unübersehbar. Er hat sich bereits in den 70er Jahren für Volksabstimmungen in der Bundesrepublik Deutschland nach Artikel 20 des Grundgesetzes stark gemacht. Und er unterstrich diese Forderung

---

[21] Harlan, Volker/Rappmann, Rainer/Schata, Peter: Interview mit Joseph Beuys, S. 20.

durch Gründung der ›Organisation für direkte Demokratie durch Volksabstimmung‹. Die Vorstellung, dass jeder Mensch auf Erden durch Volksabstimmungen und andere Partizipationsmöglichkeiten ein Gestalter und Former des sozialen Organismus wird, ist ganz sicher ein emanzipatorisches Projekt und es weist weit über die Mitwirkungsmöglichkeiten hinaus, die den Bürgern in den westlichen Demokratien geboten werden. Wir sind 30 Jahre nach dem Tod von Beuys von einer solchen planetaren *Wärmeplastik* weiter entfernt denn je. Nirgends haben die Menschen das Gefühl, ihre Gesellschaft mitgestalten zu können. Die viel zitierte Weltgemeinschaft ist nicht fähig, auch nur einen Krieg in der Welt zu verhindern. Es gelingt ihr weder Hunger und Armut zu besiegen, noch schafft sie es, ihre eigenen Grundsätze, die sie in der Menschenrechtscharta der Vereinten Nationen formuliert hat, weltweit durchzusetzen. Die Menschheit ist heute mehr denn je ein Spielball von extrem partikulären Interessen. Lediglich eine superreiche Minderheit, die ihre Herrschaft durch mächtige ideologische Staatsapparate[22] und ein menschenverachtendes Wirtschafts- und Finanzsystem stetig reproduziert, scheint von dieser katastrophalen Situation besser denn je zu profitieren.

Fassen wir kurz zusammen. Es gibt Überschneidungen zwischen dem Beuys'schen Kunstbegriff und totalitären Ideologien. Inwieweit seine Ideen von anthroposophischen Welterklärungsmodellen beeinflusst wurden, bleibt dahingestellt. Die Forderung nach umfassender Mitbestimmung und Mitwirkung steht dazu im Widerspruch. Anachronistische Tendenzen im Werk von Beuys sind jedoch unverkennbar. So erweist er sich in seiner Selbstdarstellung als ›Schamane‹ als

---

[22] Althusser, Louis: Ideologie und ideologische Staatsapparate : Aufsätze zur marxist. Theorie ; Positionen / Louis Althusser. [Aus d. Franz. von Rolf Löper ...]. Hamburg, [Berlin] 1977.

ein Verwandter Platos, dessen Philosophenkönige den alten griechischen Stammesfürstenpriestern gleichen, die schon zu seinen Zeiten der Vergangenheit angehörten. Bietet uns Beuys also bloß altes Denken in neuem Filz?

Es gibt – das soll nicht unterschlagen werden – bezeichnende Unterschiede zwischen Beuys und systematisch vorgehenden, totalitären Denkern wie Hegel oder Marx. So entwickelt Beuys keine Methode, mit der man die hochgesteckten Ziele erreichen könnte. Er hat zwar vage strukturelle Ideen, mit denen sein Kunstbegriff umzusetzen wäre, doch diese erschöpfen sich im Grunde in Variationen der Dreigliederungstheorie von Rudolf Steiner. Das zentrale Movens bei Beuys ist weder eine intellektuelle Methode wie bei Hegel, noch eine historische Gesetzmäßigkeit wie bei Marx, sondern ganz unsystematisch *die menschliche Kreativität.*

>>Es muss sich aus diesem Energetischen etwas in Bewegung setzen und dann zu einer Form kommen, und zwar zu vielen Formen, speziellen Formen. Das ist Kreativität. Aus dem allgemeinen Unbestimmten muss etwas zur Bestimmtheit kommen. Das ist ja auch die Frage der Mitbestimmung: Inwieweit können die Leute aus dem zusammenhängenden Unbestimmten zu etwas Bestimmten kommen, überhaupt zu Gestaltungen kommen, zu Formen kommen?<<[23]

---

[23] Harlan, Volker/Rappmann, Rainer/Schata, Peter: Interview mit Joseph Beuys, S. 22.

Kunst = Mensch = Kreativität = Freiheit

Kunst = Mensch = Kreativität = Freiheit: auf diese Formel brachte Beuys die anthropologisch-anthroposophische
Dimension seines Kunstbegriffs.[24] Der Mensch ist als kreatives Wesen notwendigerweise frei. Er lebt nicht wie das Tier
eingesperrt im Käfig seiner Gattung, sondern ist frei, Neues
zu schaffen. In der Kunst wird die Freiheit sinnlich erfahrbares
Phänomen. Seine volle Entfaltung findet der Komplex jedoch
erst in der Sozialen Plastik, mithin also im sozialen Organismus, dem alle Menschen auf dieser Welt angehören. Indem
Beuys der Kreativität eine so zentrale Rolle einräumt, formuliert er eine Absage an jede Form von doktrinärer Ideologie.
Um die Verhältnisse zum Besseren zu wenden, darf man nicht
auf die vorgegebenen Methoden der *richtigen* politischen Ideologie vertrauen, sondern einzig und allein auf die menschliche Kreativität. »Die einzig revolutionäre Kraft ist die Kraft
der menschlichen Kreativität.«[25] Jenseits der freien Kreativität scheint es für Beuys keine gesellschaftsformativen Kräfte zu
geben, mithin auch kein Rezept, wie man, abgesehen von der
Dreigliederung, die seltsam erratisch immer im Hintergrund
seiner Überlegungen steht, die Menschheit so organisiert, dass
alle Menschen an der Sozialen Plastik mitgestalten können.
Beuys gehört damit nicht zu den *utopischen Sozialtechnikern*,
vor denen Karl Popper gewarnt hat, die in radikalen Großexpe-

---

[24] Harlan, Volker/Rappmann, Rainer/Schata, Peter: Soziale Plastik: Materialien zu Joseph
Beuys. 3. Aufl. Achberg 1984. S. 59.

[25] Adriani, Götz/Konnertz, Winfried/Thomas, Karin: Joseph Beuys. Leben und Werk. Köln
1988.

rimenten die Gesellschaft von Grund auf neu gestalten wollen und dabei ganze Völker ins Unglück stürzen.[26]

Als Anthroposoph passte Beuys nicht ins bequeme Links-Rechts-Schema der alten Bundesrepublik. Er hat zwar den Kapitalismus vielfach kritisiert, war aber kein Marxist, sondern ein Anhänger des sogenannten *Dritten Weges*.[27] Mit diesem Begriff bezeichnete man ein schillerndes Konglomerat aus den unterschiedlichsten gesellschaftspolitischen Alternativen zum westlichen Privatkapitalismus und östlichem Staatskapitalismus. Der bekannteste Protagonist dieser Bewegung war Ota Šik, der im Prager Frühling Wirtschaftsreformen durchführte und ein Modell einer humanen Wirtschaftsdemokratie entwickelte.[28] Der Begriff wurde aber auch von völkisch orientierten Sektierern benutzt, die sich als Retter der christlich-abendländischen Kultur sahen. Beuys hat in seiner Kapitalismuskritik die Integration von östlichem Staatskapitalismus und westlichem Privatkapitalismus zu einem einheitlichen Unterdrückungssystem treffend vorhergesagt. »Die Menschen suchen eigentlich nach einem Ausweg aus diesen zwei Systemen, die sich im übrigen auch immer mehr integrieren, also die dahin tendieren, ein einheitliches Unterdrückungssystem für die Menschen zu werden.«[29] Wie gut der neoliberale Kapitalismus aber einmal mit den autoritären Regimen in der Volksrepublik China und Russland harmonieren sollte, zeigte sich in seiner vollen Ausprägung erst nach dem Zusammenbruch der Sowjetunion und der Umgestaltung Europas, die Beuys nicht mehr miterlebte.

---

[26] Kiesewetter, Hubert/Popper, Karl R.: Gesammelte Werke 5, Kap. 9.

[27] Beuys, Joseph: Aufruf zur Alternative.

[28] Šik, Ota: Der dritte Weg : die marxist.-leninist. Theorie u. d. moderne Industriegesellschaft / Ota Šik. 1. - 10. Tsd. Hamburg 1972.

[29] Harlan, Volker/Rappmann, Rainer/Schata, Peter: Interview mit Joseph Beuys.

Die Gleichung *Kunst* = *Mensch* = *Kreativität* = *Freiheit* ist rigoros und existenzialistisch. Kunst, Kreativität und Freiheit werden in der Formel mit dem Wesen des Menschen identifiziert. Man kann die Begriffe beliebig umstellen, um die Gleichung durch Hervorhebung einzelner Aspekte spielerisch auszudeuten. Mögliche Permutationen sind: Kunst entsteht, wenn der Mensch seine Kreativität in Freiheit auslebt. Freiheit wird erlebbar, sobald der Mensch schöpferisch tätig wird. Die menschliche Kreativität äußert sich in der Freiheit der Kunst. Dies ist mehr als ein bloßes Vexierspiel. Beuys formulierte mit seiner Gleichung die positive Seite des existenzialistischen Geworfenseins. In Abwandlung eines Ausspruchs Sartres können wir sagen: Der Mensch ist *zur Kunst verurteilt*. Beuys hat es in seiner Gleichung positiv formuliert: Der Mensch ist zur Kunst befreit, eben weil er als Mensch ein kreatives Wesen ist. Und damit hätten wir eine Brücke zur Anthropologie (nicht zur Anthroposophie!) geschlagen. Denn was im anthropologischen Sinne den Menschen von anderen Lebewesen unterscheidet, ist seine Befreiung aus den Fesseln des instinkthaften, gattungsspezifischen Verhaltens, seine Fähigkeit zu lernen, bewusst und absichtsvoll auf seine Umwelt einzuwirken, sie umzugestalten, mit zunehmend kunstvoller Virtuosität Artefakte jeglicher Art zu erzeugen und schließlich und endlich darüber intellektuell zu reflektieren.

Dieser Beuys'sche Existenzialismus hat gesellschaftspolitische Brisanz. Im Zentrum seines Denkens steht nämlich nicht die Selbstverwirklichung des *einzelnen* Menschen, indem dieser seine kreativen Anlagen frei zur Entfaltung bringt und sich in seinem *Dasein* findet. Für Beuys geht es um die Soziale Plastik, die unsichtbare Skulptur des sozialen Organismus, dessen Mitschöpfer wir alle *immer schon sind*. Als Menschen sind wir von den Fesseln der Gattung befreit und können an der Sozialen Plastik mitschöpfen. Wir können das, weil wir freie und kreative Wesen sind, die das Vorgefundene nicht so belassen, wie es ist, sondern es entwickeln, verändern, auflösen und in eine neue Form gießen. Die Formung der Gesellschaft ist ein originär kreativer Freiheitsakt, eine Kunstform und wir alle werden, indem wir a priori an der Formung beteiligt sind, zu Künstlern.

Die Gleichung *Kunst = Mensch = Kreativität = Freiheit* enthält höchst komplexe Begriffe, die in ihrer historischen Ausprägung ganz unterschiedliche Inhalte aufweisen und damit auch dem Begriff der Sozialen Plastiken eine große, vielleicht zu große Komplexität verleihen. Sie öffnen den Erweiterten Kunstbegriff nach vielen Seiten und erschweren die Begriffsbestimmung. Halten wir also zunächst fest, dass in einem solchen Begriff der Sozialen Plastik Dogmatismus und Teleologie keinen Platz haben. Es gibt keine Beuys'sche Schule, die den künstlerischen Stil der Sozialen Plastik vorgäbe. Man kann diese Kunst nicht *erlernen*, indem man dogmatischen Regeln folgt. Die Soziale Plastik hat auch keine teleologisch vorbestimmte Form, die es durch schrittweise Annäherung über Reformen oder durch die Anwendung der Guillotine zu erreichen gilt. Es gibt keinen vorbestimmten Weg und keine dogmatischen Regeln. Eine kreative Renaissance mit revolutionären Folgen ist jederzeit möglich. Beuys hat damit die Verantwortung für die Gestalt der Sozialen Plastik vollkommen in die Hände des freien Künstlers, mithin in die Hände von uns allen gelegt. Ablehnen können wir diese Verantwortung nicht, denn *sie* ist es, die uns zu Menschen macht.

Die Vorläufer

Die Vorstellung, dass Politik eine Kunst sei, ist weder neu, noch besonders originell. Bereits Platon spricht in Analogie zur Webekunst von einer Staatskunst. Und Otto von Bismarck wird das Diktum zugeschrieben, dass Politik die *Kunst des Möglichen* sei. Besteht das Neue bei Beuys also einzig und allein darin, dass nicht mehr der Staatsmann die Staatskunst beherrschen muss, sondern wir alle? Diese quasi basisdemokratische Forderung scheint jedenfalls der Grund zu sein, warum wir ein technokratisches oder bürokratisches Verwaltungssystem ebenso wenig als Soziale Plastik bezeichnen wie das sprichwörtliche *Ornament der Masse*.[30] Offensichtlich will sich der Erweiterte Kunstbegriff genau durch die universale Teilhabe aller Menschen von totalitären, sozialen Inszenierungen abgrenzen, wie sie das letzte Jahrhundert bis zum Überdruss erlebt hat. Die Aufmärsche im Dritten Reich waren kollektive Ereignisse, Menschenmassen, die nach einem vorgegebenen ästhetischen Konzept arrangiert wurden. Das waren totalitäre Choreographien gleichgeschalteter Körper. Muss man aber nicht trotzdem, sozusagen probeweise, diese Inszenierungen wie zum Beispiel den Reichsparteitag in Nürnberg als eine Soziale Plastik begreifen – wenn auch als eine pervers entstellte? Die Frage ist nicht leicht zu beantworten. Beuys fordert zwar, dass alle Menschen an der Sozialen Plastik mitschaffen sollen, aber er beschreibt nicht konkret, worin dieses Mitschaffen eigentlich besteht. Wenn also die Masse in der faschistischen Choreographie der 30er Jahre sich zum Reichspartei-

---

[30] Kracauer, Siegfried: Das Ornament der Masse : Essays / Siegfried Kracauer. Mit einem Nachw. von Karsten Witte. [6. Aufl.]. Frankfurt am Main 1994.

tag formiert, so hindert uns erst einmal nichts, von einer Sozialen Plastik zu sprechen. Es gibt aber gute Gründe, propagandistische Werke nicht als Kunst zu bezeichnen, so schwer auch die Grenzziehung sein mag. Traditionelle Kunstwerke dienten häufig propagandistischen Zwecken, ohne dass sie deshalb sofort aufhörten, Kunst zu sein. Aber es gibt Grenzen zwischen Propaganda und Kunst, ohne die eine sinnvolle Diskussion überhaupt nicht mehr möglich wäre. So können wir den Zweck eines Werkes als Unterscheidungskriterium heranziehen und ein Urteil darüber fällen, ob wir ein ästhetisch gestaltetes Objekt als Werbung, Reklame und Propaganda oder als Kunst bezeichnen wollen. Und wenn man diese Unterscheidung trifft, kann man die zentral choreographierten Menschenmassen auf dem Reichsparteitag nicht als soziale Plastik überhöhen. Die Masseninszenierung ist vielmehr das direkte Pendant zu dem Reichsparteitagsfilm von Leni Riefenstahl, der zwar wie ein Kunstwerk einem strikten ästhetischen Konzept folgt, aber in Wirklichkeit nichts anderes als Zelluloid gewordener Führerkult ist.

Doch kehren wir zur Frage nach den Vorläufern des Erweiterten Kunstbegriffs zurück. Solange wir noch keine angemessene Definition der Sozialen Plastik vorweisen können, ist es müßig über gute und schlechte Soziale Plastiken zu spekulieren. Wir wollen aber nicht von vorne herein ausschließen, dass für die Soziale Plastik das Gleiche gilt, was Beuys über die Steinersche Dreigliederung der Gesellschaft sagte, dass nämlich »(...) der soziale Organismus dreigegliedert ist, schon längst ist, daß er nicht erst dreigegliedert zu werden braucht. Der soziale Organismus ist dreigegliedert, allerdings in einer verzerrten Form, d.h. in pathologischer, krebsgeschwulstartiger Konstellation oder in verfilzter Form.«[31] Wenn das Gleiche für die Soziale Plastik gilt, wäre sie keine utopische Forderung, keine neuartige künstlerische Aufgabenstellung, sondern eine Tatsache, die es, wenn auch in entstellter Form, immer schon gegeben hat. Man müsste dann nicht nach extrem ästhetisierten Beispielen kollektiver Formationen wie dem Reichsparteitag suchen, sondern könnte den Begriff auf gesellschaftliche Strukturen aller Art anwenden.

Eine so verstandene *Soziale Plastik* wäre auf jeden Fall älter als die erste Skulptur im engeren künstlerischen Sinne. Denn bevor der Mensch daran ging, der Materie Form einzuprägen, modellierte er bereits sein soziales Zusammenleben. Die ältesten Kunstwerke der Menschheit, wie der Löwenmensch aus der Stadel-Höhle am Hohlenstein im Lonetal, verweisen schon auf eine gegliederte Sozialstruktur innerhalb der frühen menschlichen Gemeinschaften. Die Elfenbeinplastik aus der jüngeren Altsteinzeit zeigt vermutlich einen tanzenden Schamanen, der ein Löwenfell übergezogen hat und eine rituelle Handlung vollführt.[32] Der Künstler des Löwenmenschen hatte bereits eine Gemeinschaft vor Augen, in der einzelne Personen als Mittler zum Tier- und Geisterreich eine herausgehobene Stellung inne hatten. Der Mensch begann, soziale Strukturen durch symbolisches Denken zu formen und zu rechtfertigen. Für Jahrtausende vollzogen sich die Prozesse des sozialen Gestaltens allein im mythischen Symbolraum ohne eine theoretische Reflexion, wenn auch sicher nicht ohne Konflikte. Im antiken Griechenland wird das Zusammenleben der

---

[31] Harlan, Volker/Rappmann, Rainer/Schata, Peter: Interview mit Joseph Beuys, S. 13.

[32] Begleitbuch zur Ausstellung Die Rückkehr des Löwenmenschen - Geschichte, Mythos, Magie : Ulmer Museum, 15. November 2013 - 9. Juni 2014 ; ein Projekt des Ulmer Museums und des Landesamts für Denkmalpflege im Regierungspräsidium Stuttgart / [Red. Kurt Wehrberger. Übers. Iris Trautmann]. Hrsg. v. Kurt Wehrberger. Ostfildern 2013.

Menschen dann erstmals Gegenstand philosophischer Aus-
einandersetzungen, die wir noch heute nachvollziehen können. Das einst im Mythos begründete Selbstverständnis der
hellenischen Stadtstaaten wurde kritisch hinterfragt. Städte
galten bis dahin als Gründungen von Göttern und der Kult
des Gründungsgottes prägte die Gemeinschaft. Die Polis und
ihre Institutionen hatten in der Vorstellung der Menschen
einen göttlichen Ursprung, der nicht hinterfragt zu werden
brauchte. Das änderte sich, als aufgrund des Bevölkerungs-
wachstums die Städte wuchsen. Das Bestehende musste plötzlich rational gerechtfertigt werden. Der zunehmende Bevöl-
kerungsdruck führte zu Auswanderungswellen. Die Migran-
ten gründeten Pflanzstädte, in denen sie die gleichen Kulte
verankerten wie in ihren Mutterstädten, den Metropolen des
archaischen Griechenlands. Mit der Zeit kam es aufgrund der
wachsenden Bevölkerung, der zunehmenden Mobilität der
Menschen und der durch den lebhaften Handel verursachten mediterranen Globalisierung zu sozialen Spannungen, in
deren Folge die ursprünglichen Herrschaftsformen sich wandelten. Dies veränderte auch das Denken und ließ eine politische Philosophie entstehen. Es entstanden neue Begrifflichkeiten für Herrschaftsformen wie Monarchie, Tyrannis, Aristo-
kratie, Oligarchie und Demokratie. Heftig wurde darüber dis-
kutiert, wie eine Herrschaftsform in die andere übergeht. Die
rationalen Denker Griechenlands suchten nach Gesetzmäßig-
keiten, um die Abfolge der Herrschaftsformen systematisieren
zu können. Einige antike Philosophen wie Platon, Aristoteles
und Polybios hatten die Vorstellung, dass sich die Verfassungs-
typen nach einer festen Regel in wiederkehrenden Kreisläufen
abwechselten. Sie glaubten, dass jede Staatsform entarte und
dadurch der nächstfolgenden den Weg bahne, bis der Zyklus
wieder von vorne begänne. Als historisch besonders wirkungs-

mächtig erwies sich die politische Theorie von Platon. In seinen Dialogen ›Politeia‹ und ›Nomoi‹ entwickelt Platon zwei teilweise inkompatible Vorstellungen von einem idealen Staat. Während er in ›Politeia‹ einen totalitär-rassistischen Kastenstaat[33] entwirft, will er in dem später entstandenen Dialog ›Nomoi‹ das Zusammenleben der Menschen mit Gesetzen (griech. Nomoi) regeln. Die in ›Nomoi‹ geforderte Gleichheit aller vor dem Gesetz sowie die Möglichkeit der Bürger gegen Entscheidungen der Verwaltung zu klagen, gehören bis heute zu den Grundfesten des Rechtsstaats. Doch vor allem der Platonische Kastenstaat aus dem Dialog ›Politeia‹ blieb in den folgenden Jahrhunderten das Urbild ständisch gegliederter Staaten und diente immer wieder zur Rechtfertigung statischer und undemokratischer Staatsformen. Im Mittelalter bildete sich ein Ständewesen heraus, dass wie der platonische Staat aus drei Ständen aufgebaut war, aus dem Adel, dem Klerus und dem dritten Stand. Seine Grundfesten wurden zwar von der Französischen Revolution erschüttert, aber aufgrund der starken restaurativen Kräfte nicht gänzlich abgeschafft. Reste einer ständischen Organisation gibt es, wie das Beispiel Großbritanniens mit seinem House of Lords und dem House of Commons zeigt, bis auf den heutigen Tag. Das Ständewesen als politisches und gesellschaftliches Formprinzip ist kein europäisches Phänomen. In Indien regelte noch im 20. Jahrhundert ein Kastenwesen bis ins Detail das Zusammenleben der Menschen. Heirat, Beruf und politischer Einfluss unterlagen bis in unsere Tage hinein einer strikten ethnisch-sozialen Apartheid. Während der industriellen Revolution entstand mit dem Klassenbegriff eine neue Vorstellung vom Ständestaat bzw. von einer gegliederten Gesellschaft, der nun eine

---

[33] Kiesewetter, Hubert/Popper, Karl R.: Gesammelte Werke 5.

dialektische Dynamik aufwies. Marx kam durch eine Analyse der frühen Industrialisierung zu dem Schluss, dass durch die technische Weiterentwicklung der Produktivkräfte neue Klassen entstehen, die an die Macht drängen und diese schließlich von der bis dahin herrschenden Klasse übernehmen. Die Analogien zum antiken Zyklus der Staatsformen sind unverkennbar. Im Marxismus wandelt sich die Vorstellung von einer vollendeten Gesellschaft grundlegend. Ihre Vollendung beruht nicht mehr auf einer naturrechtlich begründeten und philosophisch idealisierten Gliederung, sondern ganz im Gegenteil auf ihrer Homogenisierung. Die klassenlose Gesellschaft im vollendeten Kommunismus hebt mit den Klassen auch jede Gliederung der Gesellschaft auf. Diese neuartige Vorstellung von einer ungegliederten, klassenlosen Gesellschaft ist jedoch kein Produkt des 19. Jahrhunderts. Schon im frühen Christentum gibt es Ansätze zu einer klassenlosen Gesellschaft. Die marxistische Geschichtsphilosophie ist teleologisch wie das Christentum. Sie geht davon aus, dass die dialektische Entwicklung der Geschichte notwendigerweise in einer klassenlosen, kommunistischen Gesellschaft zum Stillstand kommt. Das kann man als Säkularisierung des christlich-apokalyptischen Denkens verstehen, das davon ausgeht, dass am Tag des Jüngsten Gerichts alle Standesunterschiede verschwinden und die Menschen nicht nach ihrer sozialen Stellung, sondern nach ihren christlichen Verdiensten im Leben gerichtet werden. Wie im Christentum markiert die Auflösung der gesellschaftlichen Gliederung auch im Kommunismus das Ende der Geschichte. Im Umkehrschluss heißt das aber, dass die Gliederung der Gesellschaft der Antrieb des Wandels ist. Die klassenlose Gesellschaft ähnelt in dieser Hinsicht fatal dem versteinerten Platonischen Staat.

Die Soziale Plastik, so viel können wir vielleicht festhalten, war unter anderen Begriffen seit Jahrhunderten das Objekt verschiedener Wissenschaften wie der Geschichte, der Philosophie sowie der Staats- und Soziallehre. Die Ergebnisse dieser Wissenschaften stimmen bei allen Unterschieden in einer bestimmten Hinsicht überein: eine ungegliederte Gesellschaft hat es nie gegeben. Stets hatten menschliche Gesellschaften eine bestimmte Gestalt.

Die Autopoiese der Gesellschaft

Das Werden und Vergehen von Gesellschaften, der Wandel von Gemeinschaften, die Geschichte der Menschheit kann man als Autopoiese beschreiben. Geschichte ist Autopoiese, insofern die Gesellschaft als das Subjekt der Geschichte fortlaufend und ununterbrochen durch sich selbst geformt und verändert wird. Die Formen, die die Gesellschaft im Laufe der Menschheitsgeschichte angenommen hat, und die formenden Prozesse werden in der Geschichtsschreibung, der Ethnologie, der Soziologie und anderen wissenschaftlichen Disziplinen sowie in Mythen und Erzählungen nacherzählt, beschrieben und analysiert. Die Kräfte, die den autopoietischen Prozess der Geschichte antreiben, wurden als menschliche Tugenden und Untugenden, als psychische Dispositionen, als Produktivkräfte oder als Sachzwänge identifiziert. Es ist hier nicht der Ort, auf die verschiedenen historischen Theorien genauer einzugehen und sie gegeneinander abzuwägen. Viele Theorien haben jedoch eine Gemeinsamkeit. Sie versuchen, komplexe historische Prozesse auf einfache Kräfte zurückzuführen. Die Ergebnisse sind mal mehr, mal weniger überzeugend. Je einfacher die Antriebskräfte gewählt werden, um so mehr hat es den Anschein, dass der autopoietische Prozess der Geschichte durch *blinde* Kräfte bewirkt wird, die zunächst nichts mit dem historischen Prozess selbst zu schaffen haben. Zufälle wie Hungersnöte und Naturkatastrophen bewirken den Aufstieg oder Untergang von ganzen Herrschaftssystemen. Psychologische Kräfte wie Ehrgeiz, Egoismus oder Rachsucht wenden das Blatt im entscheidenden Moment zugunsten oder zuungunsten einer der kämpfenden Parteien. Wir sind gewohnt, den Zufall als blind zu bezeichnen, aber auch die psychologischen

Kräfte sind blind gegenüber den Folgen, die aus ihnen abgeleitet werden. Ehrgeiz, Egoismus, Rachsucht und alle anderen Emotionen sind hinsichtlich ihrer historischen Auswirkungen ebenso blinde Kräfte wie der Zufall. Die Rachsucht will unmittelbare Befriedigung, ihr geht es nicht um die Gestaltung von Gesellschaft. Ehrgeiz und Egoismus sind ein Antrieb für außergewöhnliche Leistungen, die bedeutende, niemals beabsichtigte Folgen haben können. Es werden aber auch komplexere Ursachen für historische Veränderungen herangezogen, die ebenfalls von außen auf die Geschichte einwirken oder neben ihr herlaufen. So verläuft der technologische Fortschritt oft nach eigenen Gesetzen, völlig unabhängig von der gesellschaftlichen Entwicklung; und trotzdem beeinflusst er sie. Technische und technologische Veränderungen hatten niemals die Absicht, diejenigen gesellschaftlichen Veränderungen auszulösen, die sie nach der Meinung nicht nur marxistischer Theoretiker angestoßen haben. Ob Schicksalsmächte, psychologische Triebe oder materialistische Umstände am Werk sind, ihre Kräfte wirken stets blind auf den Verlauf der Geschichte ein. Sie haben keine immanente Zielrichtung. Marx musste viel Energie darauf verwenden, die blinden Produktivkräfte in einen übergeordneten dialektischen Meta-Prozess einzubinden, damit er in der Geschichte die gewünschte historische Gesetzmäßigkeit postulieren konnte. Gehen wir noch einen Schritt weiter und betrachten wir die zielgerichteten Absichten und Interessen von einzelnen Akteuren oder Gruppen. Wenn wir annehmen, dass in der Geschichte gezielte Interessen am Werk sind, so müssen wir auch davon ausgehen, dass diese Interessen bewusst verfolgt werden, sodass wir von einer bewussten Formung der Sozialen Plastik sprechen müssen. Einzelne Personen und Gruppen versuchen zwar gezielt und bewusst auf die Gesellschaft einzuwirken, um ihre Interessen durchzusetzen, aber die Antriebskräfte bleiben Einzelinteressen, die nicht das Ganze der Gesellschaft im Blick haben. Die jeweils handelnden Parteien wirken in ureigenstem Interesse auf die sozialen Gestaltungsprozesse ein. Sie wollen sie bestimmen, um Vorteile zu erzielen oder ihre eigene Position im Ganzen zu verbessern. Der Gedanke, dass Einzelinteressen die Geschichte steuern, ist verführerisch, weil er auf den ersten Blick so plausibel klingt. Doch es gibt viele Einzelinteressen, die miteinander in einem Wettstreit liegen, dessen Ausgang wiederum von ganz anderen Faktoren abhängig sein kann. Das mag der Grund dafür sein, dass Verschwörungstheorien so überaus beliebt sind. Sie vereinfachen die Komplexität des historischen Prozesses, indem sie behaupten, dass eine Partei das Geschehen aus dem Hintergrund steuert. Letztlich sind dies alles Versuche, Sinn in einem prinzipiell unverständlichen Verlauf der Geschichte zu finden. *Die Autopoiese der Gesellschaft wird von extrinsischen Kräften angetrieben und gesteuert.* Die Gesellschaft gestaltet sich zwar selbst – wer sollte sie auch sonst formen? – aber den gestalterischen Kräften geht es immer um etwas anderes. Sie sind blind für den Gestaltungsprozess als solchen.

Die Feststellung, dass ein autopoietischer Prozess durch extrinsische Kräfte angetrieben und gesteuert wird, ist ein Widerspruch in sich selbst und kann nicht befriedigen. Doch unterläuft uns oft noch ein sehr viel größerer Widerspruch. Fast immer definieren wir auch den Zweck der Gesellschaft als extrinsisch. Die Gesellschaft erscheint uns meist als ein Mittel zu einem extrinsischen Zweck, nicht als Selbstzweck. Dabei ist es unerheblich, dass es ganz verschiedene Zwecke geben kann. Gerne sehen wir den Zweck eines Staates zum Beispiel darin, die Einzelinteressen der Menschen und Institutionen auf friedlichem Wege auszugleichen. Im Zentrum einer solchen Staatstheorie steht ein Gesellschaftsvertrag, dem die Einzelnen zustimmen, obwohl sie ihn niemals wirklich abgeschlossen haben. Die Vertragstheorie verträgt sich dabei mit ganz unterschiedlichen Menschenbildern. Wir können mit Hobbes einen gewalttätigen Naturzustand ansetzen oder mit Rousseau einen friedlichen. In beiden Fällen stimmen die Individuen einem Gesellschaftsvertrag und damit der Einschränkung persönlicher Freiheiten freiwillig zu, da sie Nutzen und Vorteile des Vertrages größer einschätzen als seine Nachteile. Ausgangspunkt des Vertrages ist das Individuum, dessen Leben durch den Gesellschaftsvertrag sicherer und angenehmer werden soll. Der Einzelne steht im Zentrum dieser Staatstheorien. Um seinetwillen ist der Staat. Staat und Gesellschaft sind abgeleitete Größen, die ihre Bestimmung letztlich im Individuum finden. Die Vertragstheorie ist eine zutiefst humanistische Idee. In ihr hat der Staat einen konkreten und rationalen Zweck, der sich aus der Notwendigkeit ergibt, das Zusammenleben vieler Menschen zu organisieren. Die Vertragstheorie liegt vielen Vorstellungen vom Staat zugrunde, aber nicht allen. Eine Ausnahme bildet der Nationalstaat, der statt des Individuums *die Nation* zur Grundlage eines Staates macht. Das Individuum verliert seine sinnstiftende Funktion und wird zu einem bloßen Element der Nation und der Staat ist um der Nation willen. Das Individuum ist bloß noch in abgeleiteter Funktion die Grundlage des Staates. Dabei konnte bisher niemand genau bestimmen, was mit dem Begriff ›Nation‹ eigentlich gemeint ist. Die Nation ist und bleibt eine mystische Verklärung, die sich auf krude rassistische, religiöse oder politische Vorurteile stützt. Der Nationalstaatsgedanke führt deshalb auch bis heute zu Konflikten und sinnlosen Kriegen. Der Nationalstaat hat einen *höheren* Zweck. Er dient nicht dem Einzelnen und seinen konkreten Bedürfnissen, sondern einem höheren Etwas, das natürlich wie jede höhere Macht immer völlig abstrakt bleibt. Neben dem Nationalstaat gründen sich der sozialistische Staat und der Gottesstaat auf höhere abstrakte Ideen. Besonders schlimme Folgen hatte in diesem Zusammenhang die apologetische Staatstheorie von Hegel, für den die absolutistische Monarchie in Preußen die höchste Verwirklichung des Geistes in der Weltgeschichte war. Wie verhängnisvoll sich die totalitär-nationalistische Staatsverherrlichung der philosophischen Ministerkreatur, wie Schopenhauer Hegel einmal nannte, auf die Philosophie in Deutschland und die Geschichte auswirkte, zeichnete Karl Popper nach.[34] In unserem Zusammenhang interessiert uns, dass der Staat Hegels, der mit dem reaktionären Preußen des frühen 19. Jahrhunderts identisch ist, als Selbstrealisierung des Geistes angesehen wird. In der Theodizee Hegels ist damit gar kein weiterer Zweck notwendig, um den Preußischen Staat mit all seinen Übeln zu rechtfertigen. Sein Zweck, wenn wir denn von Zweck und nicht von Mission sprechen wollen, erschöpft sich darin, den Weltgeist zu realisieren. Bei Hegel schließt sich damit der Kreis, den Platon mit dem Dialog ›Politeia‹ eröffnete: der Staat wird zum reinen Selbstzweck und seine untergeordneten Glieder haben bloß noch die Aufgabe, ihm angemessen zu dienen. Hegel ist damit der Anti-Humanist schlechthin.

Vielleicht ist es ein Rest von Küchen-Hegelianismus, der den Einzelnen heutzutage manchmal glauben lässt, dass immer noch vieles in Staat und Gesellschaft nur um seiner selbst willen existiert oder um einem ominösen Weltgeist

---

[34] Popper, Karl R./Popper, Karl R.: Die offene Gesellschaft und ihre Feinde. Bd. 2. Falsche Propheten: Hegel, Marx und die Folgen. 8. Aufl., durchges. und erg. Tübingen 2003.

Genüge zu tun. Sein Gefühl trügt den kleinen Mann nicht, er verwechselt bloß den Zweck mit der Selbstreproduktion. Der Zweck eines Staates wird bewusst gesetzt und ist oft in der Staatsverfassung explizit formuliert. Staat und Gesellschaft sind aber auch autopoietische Gestalten und damit selbstreproduktiv. Die Selbstreproduktion ist ein wesentliches Element der Autopoiese. Sie reproduziert den Status Quo, wie immer dieser auch aussehen mag. Selbsterhalt darf nicht gleichgesetzt werden mit Selbstzweck. Selbsterhalt und Selbstreproduktion sind blinde, unbewusste Funktionen der Autopoiese. Es sind innere Funktionen, die in jedem Staat existieren. Ein Zweck wird dagegen bewusst von außen gesetzt. Der Zweck des Staates ist aber, bis auf die Hegelianischen Ausnahmen, nicht der Staat selbst, sondern stets etwas anderes, wie zum Beispiel die allgemeine Wohlfahrt, die Befriedung der Gesellschaft durch das Gewaltmonopol des Staates oder konkretere Ziele, wie zum Beispiel die Durchsetzung der Gleichberechtigung von Mann und Frau (Art. 3 Abs. 2 GG). Das gilt auch für soziale Formen, die vor dem Staat und seinem Begriff entstanden sind. Auch sie haben ihren Zweck nicht in sich selbst. Das lässt sich am Beispiel der sächsischen Herzöge aus vorchristlicher Zeit veranschaulichen. Sie wurde von den Stammesmitgliedern auf einer Thing-Versammlung nur für die Zeit des Krieges als Anführer der Heerzuges gewählt. Das Herzogtum hatte also den Zweck, die Gemeinschaft für den Kriegsfall zweckentsprechend zu organisieren. In Friedenszeiten ruhte das Amt. Die Autopoiese ihrerseits, die den Status Quo reproduziert, kann mit Zwecken nichts anfangen, sie ist blind für alle Zwecke und arbeitet ausschließlich selbstreferenziell am Selbsterhalt. Genau das macht sie oft zum Feind des ursprünglichen Zwecks. Mittel wie das Wahlherzogtum können sich verselbstständigen und zum Selbstzweck werden, wodurch sich in der Folge auch die Gesellschaftsform verändert. Der Titel des Herzogs wurde erblich und eine Stammesgesellschaft aus freien Bauern mit temporär herrschendem Kriegsherzog verwandelte sich in eine feudale Gesellschaft. Andererseits kann es passieren, dass die autopoietisch reproduzierte Gestalt der Gesellschaft dem eigentlichen Zweck nicht mehr gerecht wird. Diese *Krise* einer Gesellschaftsform führt zu inneren und äußeren Konflikten und letztlich zu einer Neubestimmung der Zwecke oder zu einer zweckentsprechenden Veränderung der Gesellschaft.

Beuys will nun diese blinde Autopoiese sehend machen, indem er alle Menschen zu *Künstlern*, also zu *bewusst agierenden sozialen Gestaltern* macht. »Ich will nicht Kunst in die Politik hineintragen, sondern die Politik zur Kunst machen.«[35] Es ist offensichtlich, dass Beuys hier nicht die *politische Kunst* im Sinne zum Beispiel eines Machiavellis oder Bismarcks ins Auge fasst. Sein erweiterter Kunstbegriff bezieht sich »nicht nur auf künstlerisches Gestalten, sondern auch auf soziales Gestalten, oder auf Rechtsgestalten, oder auf Geldgestaltung, oder auch auf landwirtschaftliche Probleme, oder auch auf andere Gestaltungsfragen und Erziehungsfragen. Alle Fragen der Menschen können nur Fragen der Gestaltung sein, und das ist der totalisierte Kunstbegriff. Er bezieht sich auf jedermanns Möglichkeit, prinzipiell ein schöpferisches Wesen zu sein und auf die Fragen des sozialen Ganzen.«[36] *Der blinden Autopoiese der Gesellschaft stellt Beuys das bewusste künstlerische Gestalten entgegen.* Diese Interpretation des Erweiterten Kunstbegriffs wirft viele Fragen auf. Läuft

---

[35] Kandidat für den nächsten Bundestag: Gespräch mit dem Bildhauer Joseph Beuys, Werner Krüger, Kölner Stadt-Anzeiger, 7.8.1976. Zitiert nach Adriani, Götz/Konnertz, Winfried/Thomas, Karin: Joseph Beuys. Leben und Werk., S. 335.

[36] Ebd., S. 343.

das bewusste künstlerische Gestalten des Sozialen nicht auf einen radikalen Ästhetizismus hinaus, wie ihn Popper bei Platon ausmacht? »Der platonische Politiker komponiert Staaten – um ihrer Schönheit willen«, schreibt er.[37] Platon greift dazu in seinem Staat zu radikalen Mitteln: zu politischer Lüge, intellektueller Knechtschaft, Vertreibung und eugenischem Kindsmord. Er will, bevor er mit der Gestaltung seines idealen Staates anfängt, erst einmal *die Leinwand reinwaschen*, tabula rasa machen. Ästhetizismus, Perfektionismus und Utopismus bedingen einander bei Platon. Der rücksichtslose Staatsgestalter Platon legt sein Glaubensbekenntnis – was übrigens, wie Popper betont, besonders perfide ist – dem bekanntermaßen kritisch-rationalen Sokrates in den Mund: »Sie [die Philosophenkönige] werden als ihre Leinwand einen Staat und die Charaktere von Menschen nehmen; und sie werden zu allererst ihre Leinwand reinwaschen – und das ist keineswegs eine leichte Aufgabe«[38] Wir tun also gut daran, bei ästhetizistischen Staatstheorien mit größter Wachsamkeit zu prüfen, ob wir es nicht mit einem neuen Platon zu tun haben, der aus den Trümmern des Alten seine schöne neue Welt aufbauen will.

---

[37] Kiesewetter, Hubert/Popper, Karl R.: Gesammelte Werke 5, S. 197.
[38] Platon: Politeia 501A, zitiert nach ebd, S. 197

Bildung und Volksabstimmung

Wenn Beuys die Politik zur Kunst machen will, so formuliert er im Grunde eine Frage. »Wie kann jedermann, d.h. jeder lebende Mensch auf der Erde, ein Gestalter, ein Plastiker, ein Former am sozialen Organismus werden?«[39] Beuys hat auf diese Frage eine einfache Antwort gegeben. Das Ziel sei durch die Ausbildung der Kreativität in einem ›Kreativikum‹[40] und durch Volksabstimmungen zu erreichen. In seinem pädagogischen Konzept, sagt Beuys, gäbe es »eine Art ›Kreativikum‹ als Basis der Ausbildung anstelle eines Philosophikums oder Physikums. Wie jemand, der ein Philosophikum macht, nicht unbedingt Philosoph wird, sondern Lehrer oder Dramaturg, so soll eine Ausbildung zur eigenen Kreativität nicht zur Folge haben, daß sich jemand unbedingt als »Originalfigur« auf dem Kunstmarkt durchsetzt, sondern daß er als Biologe oder Landwirt oder was immer Vertrauen in eigene Lösungen hat und sich nicht bloß zum funktionellen Rädchen eines allgemeingültigen Systems machen läßt.«[41] In seiner Schule, so Beuys weiter, »lernt der Mensch, sich selbst und den Weltinhalt zu bestimmen. Nur aus diesem Punkt heraus geht die Selbstbestimmungskraft, die freie Selbstbestimmung des Menschen hervor, und in sofern sehe ich diesen Kunstbegriff als einen revolutionären an in seiner erstmals totalen Erweiterung, in seiner Totalität. Dann bin ich bereit, ihn zu spezialisieren und zu unterscheiden und zu sagen: Erst in einem bestimmten Punkt der menschlichen Biografie muß ja jeder Mensch

---

[39] Harlan, Volker/Rappmann, Rainer/Schata, Peter: Interview mit Joseph Beuys, S. 19f.

[40] Harlan, Volker/Rappmann, Rainer/Schata, Peter: Soziale Plastik, S. 39.

[41] Jappe, Georg: Etwas sinnlich Greifbares muß entstehen. (1972). Zitiert nach Harlan, Volker/Rappmann, Rainer/Schata, Peter, Soziale Plastik, S. 39.

zu einem Spezialisten in der arbeitsteiligen Gesellschaft werden. Dann entscheidet sich der eine, Physik zu studieren, der andere wird Malerei studieren, der dritte wird Krankenpfleger usw.«[42]

Fassen wir diese zentrale Idee von Beuys zusammen. Alle Menschen sollen nach Beuys ein kreatives Propädeutikum durchlaufen, in dem sie ihre Kreativität frei entfalten können. Durch dieses ›Kreativikum‹ sollen sie in die Lage versetzt werden, ihre Umwelt und sich selbst zu bestimmen. Erst nach dieser propädeutischen Kreativitätsausbildung beginnen die Menschen mit ihrer spezialisierten Ausbildung. Es geht Beuys darum, den autopoietischen Prozess der Gesellschaftsformung, in dem die Menschen wie Rädchen in einem System funktionieren, *bewusst* zu bestimmen. Er will, dass die Menschen ihren eigenen Lösungen Vertrauen schenken, neue Ursachen und neue Zwecke setzen. *Die Gesellschaft soll nicht mehr autopoietisch ständig reproduziert, sondern durch die bewusste Gestaltungskraft freier Menschen als Soziale Plastik neu geschaffen werden.*

Das Erziehungsideal, das Beuys aus dem Erweiterten Kunstbegriff entwickelt, erinnert stark an das klassisch-humanistische Bildungsideal der allseitigen Persönlichkeitsentwicklung, das sich zum Beispiel bei Goethe findet. Dem individuellen Bildungsideal des deutschen Klassikers fehlt jedoch der soziale Aspekt, der für Beuys so charakteristisch ist. Das klassisch-humanistische Bildungsideal setzt das Individuum ins Zentrum und nicht die Gesellschaft. Ernst Cassirer weist in seinem Aufsatz ›Goethes Pandora‹ allerdings darauf hin, dass der späte Goethe sich vom individualistischen Humanismus

---

[42] Holtfreder, Peter/Ebert, Susanne/König, Manfred/u. a.: Interview mit Joseph Beuys. (1973). Zitiert nach Adriani, Götz/Konnertz, Winfried/Thomas, Karin, Joseph Beuys. Leben und Werk, S. 247.

abwandte und ein ›soziales Ideal‹ anpeilte. »Dem individualistischen Ideal des deutschen Humanismus, das das höchste
Ziel des Menschentums in der Ausbildung aller Kräfte des
Einzelnen sieht, tritt das *soziale* Ideal gegenüber: der Forderung einer Totalität der Menschenkräfte, die im Individuum
zur freien Entfaltung kommen sollen, stellt sich die Forderung einer umfassenden gemeinsamen Lebensordnung entgegen, die jeden Einzelnen an seinem Teile und innerhalb seiner
begrenzten Leistung in Anspruch nimmt.«[43]

Zum Ausdruck kommt dieser Wandel nach Cassirer am
Ende des zweiten Teils des Faust, in den Wanderjahren und –
nahezu programmatisch – im Vorspiel von 1807:

Der du an dem Weberstuhle sitzest,
Unterrichtet, mit behenden Gliedern
Fäden durch die Fäden schlingest, alle
Durch den Tactschlag aneinander drängest,
Du bist Schöpfer, daß die Gottheit lächeln
Deiner Arbeit muß und deinem Fleiße.[44]

Anderthalb Jahrhunderte vor Beuys rief Goethe jedem
Menschen zu: »Du bist Schöpfer«; wobei man mit Cassirer
hinzufügen möchte: An deinem Platze! Denn die Vorstellungen des Dichters von der Gesellschaft waren noch in Traditionen fest gefügt. Goethe war kein Revolutionär. Das Bild des
Webers und seines handwerklichen Fleißes erinnert sogar fatal
an die idealisierten Schäfer der bukolischen Idyllen, die sich
im 18. Jahrhundert großer Beliebtheit erfreuten. Das soziale
Ideal bei Goethe ist bei weitem nicht so stark durchgeprägt wie

---

[43] Cassirer, Ernst: Idee und Gestalt : Goethe, Schiller, Hölderlin, Kleist / Ernst Cassirer. Darmstadt 1989. S. 27.

[44] Goethe, Johann Wolfgang von: Goethes Werke: Vollstandige Ausgabe letzter Hand. 1828.

das individualistische. Das Problem von Wilhelm Meister und seinen Brüdern und Schwestern in den folgenden Bildungsromanen besteht vor allem darin, als humanistische Individuen ihren Platz in einer im Grunde als feindlich empfundenen Gesellschaft zu finden. Humanistisches Ideal und gesellschaftliche Realität bleiben Gegensätze und ihre von Goethe in Wilhelm Meister vorgezeichnete Versöhnung wird zur wesentlichen Problemstellung im Lebenslauf des bürgerlichen Individuums. Das Schöpfertum des Goetheschen Webers erschöpft sich – im Unterschied zu Beuys – in der Webkunst. Der Weimarer Dichterfürst bleibt damit im Platonischen Kastenwesen gefangen. Auch dort wird die Tugend des Handwerkers gelobt, aber es ist eben sein handwerkliches Können, das bei Platon wie bei Goethe Erwähnung findet. Wir haben es in beiden Fällen mit partikulärer Kreativität zu tun, die sich in den Grenzen einer gegliederten, arbeitsteiligen Gesellschaft bewegt. Der Weber in Goethes Vorspiel wird ausschließlich in seinem Handwerk kreativ und eine Auswirkung auf die Gesellschaft ergibt sich lediglich aufgrund der Arbeitsteilung und des Warenaustausches. Damit würde aber jeder Mensch *nur an seinem Teile* als Schöpfer kreativ und die Gestaltung der Gesellschaft ergäbe sich bloß indirekt durch Erzeugnisse und Dienstleistungen, die der Einzelne der Gesellschaft zur Verfügung stellt. Die Kraft, die die Gesellschaft formt, bliebe wiederum letztlich blind. Beuys bezieht sich häufig auf diese indirekte Gestaltung der Sozialen Plastik. So sagt er beispielsweise: »Wenn eine Schülerin bei mir einmal ihre Kinder besser erziehen sollte, so ist das für mich mehr, als einen großen Künstler ausgebildet zu haben. (...) Wovon man ausgehen kann, ist die Idee, daß Kunst und aus Kunst gewonnene Erkenntnisse ein rückfließendes Element ins Leben bilden können.«[45] Mit diesem Verständnis von ästhetisch-kreativer Erziehung scheint Beuys im Rahmen bürgerlicher Vorstellungen zu bleiben, in denen die Kunst und das Schöne die Aufgabe haben, den Menschen zu veredeln oder ihn, wie Schiller es ausdrückt, vernünftig zu machen, indem sie ihn zunächst ästhetisch machen.[46] Beuys bricht aber die Grenzen auf, in denen sich Goethes partikuläre und Schillers idealistische Kreativitätsvorstellungen bewegen. Er befreit die Kreativität von ihrer Beschränkung auf einzelne, abgetrennte Bereiche der Gesellschaft und zieht sie als Werkzeug zur plastischen Gestaltung des Gesellschaftsganzen heran. Der Weber soll, nachdem er das ›Kreativikum‹ durchlaufen hat, nicht nur in seinem späteren Beruf Vertrauen in eigene Lösungen entwickeln und er soll auch nicht bloß durch das Schöne zur Vernunft erzogen werden; er soll in Volksabstimmungen ganz direkt und konkret an der Gestaltung der Gesellschaft teilhaben.

Der Begriff der ›direkten Demokratie‹ ist bei Beuys untrennbar mit dem erweiterten Kunstbegriff und der Sozialen Plastik verbunden. »Die Bildung des sozialen Organismus bestimmt für Beuys die neue Kunstdisziplin als das plastische Formen an der freiheitlich-demokratischen Gesellschaft. Dieser Kunstbegriff kann nur stattfinden, wenn alle gemeinsam sich an diesem plastischen Werk gleichberechtigt beteiligen.«[47] Kreativität ist dabei für Beuys die entscheidende Kraft, die allein die Gewalt hat, die Gesellschaft zu verändern. In

---

[45] Jappe, Georg: Joseph Beuys soll gehen. Soll er? (1968). Zitiert nach Harlan, Volker/Rappmann, Rainer/Schata, Peter, Soziale Plastik, S. 39.

[46] Schiller, Friedrich von: Ueber die ästhetische Erziehung des Menschen in einer Reyhe von Briefen. 1. Auflage. Tübingen 1795.

[47] Adriani, Götz/Konnertz, Winfried/Thomas, Karin: Joseph Beuys. Leben und Werk., S. 266.

einem Zeitungsinterview sagt er 1972: »...die Gewalt ist hier die Gewalt der Kreativität, also die Gewalt des Geistes oder die Gewalt der Einsicht. Ich sage, in dem Augenblick, wo die Mehrheit erkannt hat, wo ihre Interessen liegen und wie sie ihre Interessen durchsetzen kann, einfach durch das Prinzip der Volksabstimmung und indem sie sich in diesem Sinne organisiert, in dem Augenblick werden die Verhältnisse sich ändern.«[48]

Es ergibt sich ein zwiespältiges Bild. Einerseits hat sich Beuys als revolutionärer Aktionskünstler inszeniert, der auch so wahrgenommen wurde; andererseits steht er überraschend breitbeinig auf dem Boden tradierter, bürgerlicher Vorstellungen, ohne explizit an sie anzuschließen. Er treibt Ideen des späten Goethe auf die Spitze, indem er dessen Bild vom Menschen als Partikularschöpfer in einen neuen Kapitalbegriff verwandelt: »Kreativität = Volksvermögen. Diese Formel könnte man hier aufstellen. Je höher die Kreativität der Menschen ist, um so höher ist das Volksvermögen, um so höher ist die Fähigkeit, die Dinge so zu regeln, daß sie in höchstmöglichem Maß produktiv und effektiv werden im Sinne aller.«[49] Aber er macht nicht deutlich, in welcher Beziehung diese Gleichung zur Idee der Sozialen Plastik steht. Ist die Soziale Plastik bloß die Summe aller Güter, die menschliche Kreativität geschaffen hat? Dann wäre sie so etwas wie ein summarisches Bruttokreativprodukt. Und Kreativität wäre in der Folge nichts anderes als eine letztlich wieder nur blind auf die Gesellschaft einwirkende Kraft, die sich rein summarisch, also quantitativ aus-

---

[48] Broder, Henryk M.: Die Revolution aus dem Filzhut. Wie der Professor Joseph Beuys von mehr Demokratie träumt – und warum sein Traum ein Traum ist. (1972). Zitiert nach Adriani, Götz/Konnertz, Winfried/Thomas, Karin, Joseph Beuys. Leben und Werk.

[49] Beuys, Joseph: Kunst im Wirtschaftsbereich. Hannover 1974. Zitiert nach Harlan, Volker/Rappmann, Rainer/Schata, Peter, Soziale Plastik, S. 59.

wirkt. Fordert auch Beuys vom Menschen bloß Partikularkreativität *an seinem Teile*? Und erschöpft sich die bewusste Gestaltung der Gesellschaft in der plebiszitären Beteiligung der Menschen an politischen Entscheidungen?

Der emphatische Satz, »Ich will nicht Kunst in die Politik hineintragen, sondern die Politik zur Kunst machen«, ist und bleibt eine als Absichtserklärung kaschierte, existenzielle Frage. Wie gelingt es uns, die Gesamtheit menschlicher Fähigkeiten so zur Entfaltung zu bringen, dass das Wohl jedes Einzelnen und das gemeine Wohl – so wollen wir den Begriff ›Volksvermögen‹ vorläufig definieren – davon am besten profitieren? Dass uns dies ganz offensichtlich noch nicht gelungen ist, zeigt uns jeden Tag der Zustand der Welt. Vielleicht hat uns Beuys lediglich grob die Richtung gewiesen, indem er darauf insistierte, dass *die menschliche Kreativität unser wahres Kapital* sei, dass wir alles tun müssen, dieses Kapitel zu fördern und zu mehren, und alles sein lassen müssen, was es mindert. Die offene Gesellschaft, in der die Menschen ihre Fähigkeiten frei entfalten können, ist heute mehr denn je gefährdet: durch Intoleranz, Ausbeutung und Gewalt. Die offene Gesellschaft hat aber auch Feinde in ihren eigenen Reihen: Gleichgültigkeit, Intransparenz und Korruption. Kreativität entfaltet sich nicht im luftleeren Raum, sie muss konkret werden, Hebel ansetzen, Ziele setzen und umsetzen, sie muss sich bewähren. Wir brauchen daher vor allem den Mut, die Kreativität der Menschen in die Politik hinein und sie dort zur Wirkung kommen zu lassen. Unser politisches System ist jedoch auf das Gegenteil hin ausgelegt. Die Kreativität der Menschen wird systematisch ausgesperrt. Und es ist schwer, dies zu ändern. Die Volksabstimmung ist in diesem Zusammenhang nicht die Lösung, sondern die *Initiation*, die den Eintritt in einen neuen Lebensabschnitt der Demokratie markieren und den Übergang in eine sozialere Herrschaftsform glaubhaft machen würde. Die Volksabstimmung nach Artikel 20 des Grundgesetzes wäre ein wirksames Aufbruchssignal: »Alle Staatsgewalt geht vom Volke aus. Sie wird vom Volke in Wahlen und *Abstimmungen* und durch besondere Organe der Gesetzgebung, der vollziehenden Gewalt und der Rechtsprechung ausgeübt.« Wir warten in Deutschland seit 67 Jahren auf die Verwirklichung dieses Grundrechts.

Jeder Mensch ein Künstler

›Jeder Mensch ein Künstler‹ – dieses geflügelte Wort von Beuys wurde häufig missverstanden. Es bezieht sich explizit auf den Erweiterten Kunstbegriff und die Soziale Plastik und besagt, dass jeder Mensch ein Künstler sei, weil er an der Gestaltung der Gesellschaft mitwirkt. Damit ist nicht gemeint, dass jeder Menschen ohne Übung und Ausbildung Tätigkeiten ausführen kann, die im traditionellen oder verengten Kunstbegriff als künstlerische bezeichnet werden. Beuys wollte nicht unsere Vorstellung von Zeichnungen, Gemälden und Plastiken erschüttern, sondern unseren Begriff von der Gesellschaft revolutionieren. Das Missverständnis könnte also kaum größer sein. Es geht nicht darum, die Malversuche von Dilettanten zur Kunst zu erheben, sondern um eine neue Perspektive auf die gesellschaftliche Stellung des Individuums. Im Erweiterten Kunstbegriff nimmt der Einzelne gegenüber der Gesellschaft eine ähnliche Position ein wie der Künstler gegenüber seinem Werk. Auf den ersten Blick erscheint dies wie ein ungeheurer Machtzuwachs des Individuums, denn wir sind gewohnt, im Künstler den unumschränkten Herrscher über sein Werk zu sehen. Doch genau dies ist die Sichtweise des Dilettanten. In Wirklichkeit erlebt der Künstler sein Leben als ständiges Ringen gegen die Ohnmacht, denn bevor er zum Herrn über sein Werk wird, muss er zunächst Herr seiner selbst werden. Er muss ästhetische Fähigkeiten und handwerkliche Fertigkeiten erlernen, die vielleicht in Form einer Begabung oder Neigung im Künstler von Geburt an schlummern, aber erst durch Ausbildung und Übung zum Leben erweckt und entfaltet werden. Es bedarf einer künstlerischen Initiation durch Lehrer und Vorbilder. Der Künstler muss Hand und

Auge schulen, seine Vorgänger studieren, Techniken einstudieren, Konzepte verstehen. Und da kein Künstler aus dem Nichts schafft, sondern mit und gegen die gesamte Kunstgeschichte sowie mit und gegen die Moden und Gepflogenheiten seiner Zeit, ist er ungeheuren Zwängen und Konventionen unterworfen, die er nicht einfach wegwischen kann, da sie in ihm und durch ihn auf sein Werk wirken. Alles erscheint ihm determiniert, schon einmal dagewesen. Der künstlerische Schaffensprozess ist eine lange Reihe von Niederlagen und gescheiterten Versuchen.

Und dennoch ist der Künstler frei. Er kann seinem Werk gegen alle Konventionen eine individuelle Prägung geben. Und deshalb empfinden wir ein geglücktes Werk als Ausdruck der Freiheit. In jedem großen Werk der Kunst erkennen wir ihre Signatur.

Der Künstler der Sozialen Plastik steht vor ungleich größeren Herausforderungen, denn die Soziale Plastik ist nicht nur ein Gesamtkunstwerk, sie ist auch ein Gemeinschaftswerk, ein soziales Unterfangen. Was muss geschehen, damit wir in der Sozialen Plastik die Signatur der Freiheit erkennen? Welche Fähigkeiten und Fertigkeiten muss das Individuum erlernen, das diese Plastik mit gestalten will? Und wie kann es sich gegen die Geschichte sowie gegen die Moden und Gepflogenheiten seiner Zeit behaupten? Beuys brachte die Bildung und die Volksabstimmung ins Spiel, wobei er letztere als das Werkzeug definierte, mit dem jeder Mensch an der Gestaltung der Gesellschaft auf politischer Ebene mitwirken kann. Aphoristisch gesprochen: Was Hammer und Meißel für den Bildhauer, ist die Volksabstimmung für den Bürger. Muss also der Bürger die Handhabung von Volksabstimmungen ebenso erlernen wie der Künstler die Nutzung von Hammer und Meißel?

Beuys legte auf beide Elemente großen Wert. Er hat sich energisch für die Einführung von Volksabstimmungen eingesetzt, spätestens seit 1972, als er mit der ›Organisation für direkte Demokratie durch Volksabstimmung‹ auf der documenta 5 in Kassel präsent war. Ebenso konsequent hat er als Hochschulprofessor die Freiheit der Lehre im so genannten ›Akademiestreit‹ gegen staatliche Reglementierung verteidigt.

In seiner Beuys-Biografie zeichnet Hans Peter Riegel den Streit in allen Einzelheiten nach.[50] 1972 kündigte der damalige Wissenschaftsminister des Landes Nordrhein-Westfalen, Johannes Rau, fristlos das Dienstverhältnis von Beuys, weil dieser mit einer Sekretariatsbesetzung in der Kunstakademie die Aufnahme von Studenten erzwingen wollte, die aufgrund des Auswahlverfahrens keinen Studienplatz bekommen hatten. Gegen diese Kündigung wehrte sich Beuys in einem Prozess, der durch alle Instanzen ging. Das Bundesarbeitsgericht erklärte schließlich 1980 die Kündigung für rechtswidrig und vermittelte einen Vergleich zwischen Beuys und dem Land Nordrhein-Westfalen. Der Akademiestreit schlug international hohe Wellen, da sich viele bedeutende Künstler mit Beuys solidarisierten; und er führte zur Gründung der ›Freien Internationalen Hochschule für Kreativität und interdisziplinäre Forschung‹ auch Free International University (FIU) genannt. Sie war als ein Ort des Forschens, Arbeitens und Kommunizierens gedacht, an dem Menschen über Fragen einer sozialen Zukunft nachdenken. Riegel sieht in dem Versuch, eine eigene Hochschule zu gründen, das übersteigerte Sendungsbewusstsein eines fanatischen Anhängers der Lehren Rudolf Steiners am Werk. Und im Rückblick sind die sektiererhaften Züge im Leben von Joseph Beuys kaum zu über-

---

[50] Riegel, Hans-Peter: Beuys.

sehen. Die Gründung der Free International University zeigt aber vor allem, dass Beuys der Bildung nicht nur einen besonders hohen Stellenwert einräumte, sondern auch eine Vorstellung von Bildung hatte, die er in den vorgefundenen Strukturen nicht verwirklichen zu können glaubte.

Für Beuys ist Bildung der Ausgangspunkt schlechthin für Veränderungsprozesse innerhalb der Gesellschaft, denn die Menschen sind nicht so ohne Weiteres in der Lage, kreativ am Gestaltungsprozess der Gesellschaft teilzunehmen. Beuys ist der Meinung, »daß die Menschen ihre Bedürfnisse zwar ahnen, aber sie nicht ausdrücken können.«[51] Dieses Unvermögen hat Konsequenzen, denn es sind genau diese Bedürfnisse, nach denen sich die Gestalt der Sozialen Plastik richten soll. Es sind die Bedürfnisse der Menschen, die nach Beuys in der Sozialen Plastik zum Ausdruck kommen sollen. Die Soziale Plastik kann nur gelingen, wenn die Menschen sich ihrer Bedürfnisse bewusst sind und über die Gestaltungsmittel verfügen, diese auch angemessen zum Ausdruck zu bringen. Wenn die Menschen ihre Bedürfnisse aber nur ahnen und nicht bewusst wahrnehmen, dann können sie sie auch nicht richtig ausdrücken. Und selbst dann, wenn sie ihre Bedürfnisse erkennen würden, müssten sie zusätzlich noch die Fähigkeit erwerben, diese in der Sozialen Skulptur zum Ausdruck zu bringen. »Um mitzubestimmen oder selbst zu bestimmen«, sagt Beuys, »muß ich ja die Fähigkeit haben, etwas zu bestimmen. Diese Fähigkeit, die Dinge der Welt zu bestimmen, zu formen also, die kann man nur da erwerben, wo etwas trainiert, geschult und erworben werden kann.«[52] Der Ort dafür sind Schulen und Hochschulen, die aber ein anderes

---

[51] Harlan, Volker/Rappmann, Rainer/Schata, Peter: Interview mit Joseph Beuys, S. 11.
[52] Ebd., S. 10.

Programm haben müssen, das sich am Akt des Bestimmens orientieren soll. Bestimmung ist ein Prozess in zwei Stufen. Zunächst muss eine Entscheidung über die Form getroffen werden und anschließend muss die Form ausgeführt werden. Damit ersteres gelingt und eine angemessene Form gewählt wird, benötigen die Menschen das Wissen um ihre Bedürfnisse. Ahnungen sind nicht genug. Sie sind unpräzise, sie können in die Irre führen, sodass ungenaue, wenig wirkungsvolle Formen oder solche gewählt werden, die den Bedürfnissen der Menschen zuwiderlaufen: ein Missstand, den wir tagtäglich in der Politik erleben müssen. Die Ausführung wiederum ist abhängig von den Fähigkeiten der Menschen zum sozialen Ausdruck. Gut gemeint ist nicht gut gemacht. Um an der Sozialen Plastik zu arbeiten, muss man die dafür notwendigen Werkzeuge beherrschen. Dies setzt wie beim klassischen Künstler eine entsprechende Ausbildung und unermüdliches Training voraus. Der Mensch besitzt zwar Erkenntnisfähigkeit und Kreativität von Geburt an, aber beides muss dennoch ausgebildet werden, um sich voll entfalten zu können. Und genau an dieser Ausbildung hapert es laut Beuys: »Da schaut man auf das ganze kulturelle Leben, auf das Schul- und Hochschulsystem, auf die Informationsebene, also auf alle schulischen Einrichtungen und Medien, und bemerkt, daß sie total in den Händen derjenigen sind, die im Augenblick das System steuern.«[53] Das kulturelle Leben im Allgemeinen und die Bildungsinstitutionen und Medien im Besonderen haben die Pflicht, die Menschen in der Fähigkeit des Bestimmens zu unterrichten. Dieser Pflicht können aber wichtige Institutionen des kulturellen Lebens nicht angemessen nachkommen, da sie in den Händen derjenigen liegen, die das System steuern

---

[53] Ebd., S. 10.

und dabei, so Beuys implizit, ganz andere Interessen verfolgen. »Es ist das staatlich Politische, Machtmäßige und es sind die Interessen der Wirtschaftsspitzen, die ins kulturelle Leben so hineinwirken, daß die elementarsten Generationspunkte blockiert sind durch Vorstellungen, die eben von oben kommen und die sich dort mehr und mehr etablieren.«[54]

Beuys vertritt den Standpunkt, dass das Geistesleben vom Prinzip der Freiheit geprägt sein muss und keinerlei Abhängigkeiten von außen vorhanden sein dürfen. Sein Bildungsbegriff ist anthroposophisch und fußt auf der Dreigliederungstheorie von Rudolf Steiner.[55] Riegel stellt in seiner Biografie fest, dass Beuys die anthroposophischen Quellen seines Denkens oft verschwieg, als er merkte, dass er bei seinen Gesprächspartnern auf heftige Ablehnung stieß, wenn der Name Rudolf Steiner fiel. Man mag darin intellektuelle Unredlichkeit erblicken. Dies zu beurteilen, ist aber nicht Gegenstand dieser Arbeit. Wir möchten stattdessen sehen, ob vom Beuys'schen Freiheitsbegriff etwas übrig bleibt, wenn man seine anthroposophischen Wurzeln kappt. Dass Intellektualität ohne Freiheit nicht gedacht werden kann, ist ein Allgemeinplatz und unstrittig. Die Freiheit des Denkens ist das Fundament, auf dem unsere Zivilisation aufgebaut ist. Beuys hat jedoch, und dies mag dem Erbe Steiners geschuldet sein, einen materiellen Begriff von geistiger Freiheit, die er auch als Freiheit der kulturellen Institutionen versteht. Er unterscheidet nicht zwischen dem abstrakten ›Freiheitsraum‹ des rein Intellektuellen, in dem sich Gedanken völlig frei bewegen und miteinander interagieren, auf der einen und den konkreten Institutio-

---

[54] Ebd., S. 10.

[55] Vgl. Steiner, Rudolf: Die Erziehungsfrage als soziale Frage. Die spirituellen, kulturgeschichtlichen und sozialen Hintergründe der Waldorfschul-Pädagogik. Sechs Vorträge, gehalten in Dornach vom 9. bis 17. August 1919. Dornach/Schweiz 1991.

nen, in denen diese Gedanken gedacht, gepflegt und unterrichtet werden, auf der anderen Seite. Oder anders ausgedrückt: Für ihn fällt die ideale Universität mit der realen zusammen. Für Beuys ist freie Lehre in einer Institution, die von Staat und Wirtschaft abhängig ist, schlicht und einfach nicht möglich. Die Vehemenz des Akademiestreits, in dem Beuys sogar seine materielle Existenz als Hochschullehrer aufs Spiel gesetzt hat, wird vor diesem Hintergrund verständlicher. Beuys wendet sich entschieden gegen ein Bildungssystem, das vom Staat oder der Wirtschaft beherrscht wird. Eine solche Position wäre heute, nach dem Putsch der Neoliberalisten in den 90er Jahre, ebenso revolutionär wie damals. Die Neoliberalisten haben im so genannten Bologna-Prozess unsere Universitäten zu wissenschaftlichen Zulieferern der Wirtschaft degradiert. Nahezu ausschließlich ökonomische Interessen bestimmen heute an den Universitäten die Richtung der Forschung. Von einer freien und unabhängigen Forschung und Lehre kann kaum noch gesprochen werden, da unsere Hochschulen fast vollständig von Drittmitteln aus Industrie und Wirtschaft abhängig sind. Während sich Beuys in den 70er Jahren hauptsächlich gegen den Einfluss des Staates wehrte, wollen die Kritiker des Bologna-Prozesses vor allem den übermäßigen Einfluss der Wirtschaft an den Hochschulen wieder zurückdrängen. Damit das Bildungswesen seiner Aufgabe gerecht werden könne, so Beuys, müsse es sich selbst verwalten. Selbstverwaltung ist für Beuys eine ganz elementare Forderung, sie ist » das Stichwort für die Neuorganisation der Gesellschaft «.[56] Und unter Selbstverwaltung im Bildungswesen versteht Beuys eine paritätisch aus Lernenden und Lehrenden besetzte Leitung der jeweiligen Schule oder Hochschule. Diese Forderung mag

---

[56] Harlan, Volker/Rappmann, Rainer/Schata, Peter: Interview mit Joseph Beuys, S. 11.

zwar aus der Dreigliederungstheorie abgeleitet sein, ein Befürworter von mehr Selbstverwaltung kann sich in der Bundesrepublik Deutschland aber auch auf den verfassungsrechtlichen Grundsatz der Subsidiarität berufen – und natürlich
auf die grundgesetzlich garantierte Freiheit von Lehre und
Forschung. Wir wollen die anthroposophischen Quellen des
Beuys'schen Weltbildes nicht verschweigen, aber seine beiden
zentralen politischen Forderungen – die Volksabstimmung
und die Selbstverwaltung im kulturellen Leben und dort insbesondere im Bildungsbereich – sind vielleicht umstrittene,
aber keineswegs esoterische Positionen. Volksabstimmungen
und Selbstverwaltung im kulturellen Bereich sind für Beuys
die beiden wichtigsten Instrumentarien, um jeden Menschen
in den Stand zu versetzen, an der Gestaltung der Sozialen Plastik selbstbestimmt mitzuwirken.

Direkte Demokratie und ein selbstverwaltetes Bildungssystem würden unsere Gesellschaft zweifelsohne verändern.
Aber reichen strukturelle Reformen aus, um die Menschen
in die Lage zu versetzen, ihre Bedürfnisse im sozialen Gestaltungsprozess angemessen auszudrücken?
Ganz offensichtlich ist der Mensch doch in einem viel umfassenderen Sinne an der Bildung und Ausformung der Gesellschaft beteiligt. Er prägt die Soziale Plastik mit all seinen
Lebensäußerungen. Die Menschen gestalten die Soziale Plastik ganz gewiss nicht allein dadurch, dass sie in Volksabstimmungen Gesetze verabschieden. Auch die Art, wie sie miteinander umgehen, wie sie interagieren und zusammenarbeiten,
prägt die Gesellschaft. Erst durch das tägliche Zusammenleben der Menschen wird die Soziale Plastik zu einer lebendigen Gestalt. Für Beuys war diese universale Sichtweise selbstverständlich. Immer wieder betonte er, dass »das Kapital der
Welt nicht das Geld ist, wie wir es verstehen, sondern das Kapi-

tal ist die menschliche Fähigkeit zum Schöpferischen, zur Freiheit und Selbstbestimmung *an allen Arbeitsplätzen*.«[57]

Was aus diesem universellen Verständnis an konkreten Handlungsempfehlungen abzuleiten ist, sagt Beuys jedoch nicht. Er bleibt, wenn es um die konkrete Umsetzung des Erweiterten Kunstbegriffes geht, in seinen Äußerungen allgemein. Man könnte die Unbestimmtheit des Erweiterten Kunstbegriffs als das typische Merkmal einer Utopie und Beuys – was auch häufig genug geschehen ist – als liebenswerten Spinner bezeichnen. So einfach kann man es sich jedoch nicht machen, denn Unbestimmtheit ist ein wesentliches Element im schöpferischen Prozess. Das Kreative als allgemeines Freiheitsphänomen lässt sich nicht an konkrete Regeln binden. Beuys will den Menschen nicht vorschreiben, wie sie an der Sozialen Plastik zu arbeiten haben. Genauso wenig hat Beuys seinen Schülern auf der Kunstakademie vorgeschrieben, wie sie Kunst machen sollen. Beuys hat uns nirgends einen kategorischen Imperativ hinterlassen, der uns als Gestaltungsrichtlinie dienen könnte. Er entwirft keine praktische Ethik, die das Zusammenleben der Menschen durch Gebote oder Verbote regeln will. Seine Ethik wurzelt im Ästhetischen und damit in der Freiheit. Er ist dem Kantianer Schiller näher als Kant und dessen Kategorischem Imperativ. »Handle nur nach derjenigen Maxime, durch die du zugleich wollen kannst, dass sie ein allgemeines Gesetz werde.« Sicher würde Beuys dem Kategorischen Imperativ zustimmen, aber er würde fragen, woher man denn zuvörderst die Maxime nähme, die man dann a posteriori mit ethischen Kategorien beurteilt. Bevor unsere Ethik ansetzen kann, Urteile zu fällen, muss doch überhaupt erst einmal etwas da sein, das beurteilt werden kann.

---

[57] 7000 Eichen, Joseph Beuys, S. 19, Hervorhebung vom Verfasser.

Die Schöpfung muss dem Urteil vorausgehen. Das Revolutionäre am Begriff der Sozialen Plastik ist, dass in ihm die gesellschaftliche Wirklichkeit nicht ethischen Gesetzen unterworfen, sondern als kreativer Prozess verstanden wird, dem die Freiheit wesentlich ist.

Damit der Mensch fähig wird, seine Bedürfnisse in der Sozialen Plastik angemessen auszudrücken, muss er vor allem seine Kreativität entfalten. Ohne Kreativität entsteht nichts Neues und das Alte wird lediglich reproduziert. Ohne Freiheit kein kreativer Prozess. Doch es muss etwas Weiteres hinzukommen: das Chaos. Beuys hat häufig von der Kraft des Chaos gesprochen, aus dem etwas Neues entsteht.

> »Aber mein Chaosbegriff ist ein sehr ursprünglicher. Alles kommt aus dem Chaos. Die Einzelformen kommen aus einem komplexen Ungerichteten. Das muß man sich vorstellen wie eine zusammenhängende, sehr komplexe Energie, die aber keine bestimmte, sondern eine unbestimmte Stoßrichtung hat. Das Wörtchen ›unbestimmt‹ paßt sehr gut auf den Chaosbegriff, wie ich ihn anwende. (...) Form ist so betrachtet ein Gegenpol zum Begriff Chaos. Das ist ein polarischer Prozeß. Wärme und Kälte sind polarische Prozesse, und das Moment, welches vermittelt, ist das Moment der Bewegung. Es verläuft ein Prozeß vom Unbestimmtheitspol zum Bestimmtheitspol«[58]

Das Chaos ist aber nicht unmittelbar gegeben, es ist nicht, wie die menschlichen Triebe, eine Naturgegebenheit, es ist vielmehr das eine Ende des Gestaltungsprozesses, an dessen anderem Ende die Form steht. Wie beim Schmelzen von Fett muss

---

[58] Harlan, Volker/Rappmann, Rainer/Schata, Peter: Interview mit Joseph Beuys, S. 22.

das Chaos willentlich und mit großem Energieaufwand herbeigeführt werden, um wirken zu können. »Das Fett macht ja auch genau diesen Prozeß durch in meinen Aktionen.« Der Einfluss Nietzsches ist unverkennbar. »Und wer ein Schöpfer sein muss im Guten und Bösen: wahrlich, der muss ein Vernichter erst sein und Werthe zerbrechen.«[59] Aus dem Bestimmungslosen, zu dem der Künstler *willentlich* zurückkehren muss, entsteht durch Bestimmung die neue Form. Und für die beiden Bewegungen der Rückkehr ins Chaos und der Bestimmung der Form sind Bildung und Freiheit notwendige Bedingungen. Bildung und Freiheit sind Begriffe, die wie Chaos und Form ein Gegensatzpaar bilden, das nur in seiner Ganzheit verstanden werden darf. Freiheit und Bildung, Chaos und Form bilden zusammen und in gegenseitiger Abhängigkeit den kreativen Prozess.

---

[59] Nietzsche, Friedrich: Also sprach Zarathustra. 1. Auflage. Chemnitz 1883.

Die Kopernikanische Wende

Der Erweiterte Kunstbegriff überträgt den kreativen Prozess aus dem abgezirkelten Raum der elitären Kunst in den offenen Raum des Sozialen, in dem jeder Mensch ein Künstler ist. Er vollführt damit eine Kopernikanische Wende, die weniger die Kunst betrifft, als vielmehr den Menschen. In dem Augenblick, in dem sich der Einzelne als Künstler der Sozialen Plastik begreift, wird das Verhältnis zwischen Individuum und Gesellschaft vertauscht. Es ist nicht mehr die Gesellschaft, die das Individuum prägt, sondern das Individuum wird zum Schöpfer der Gesellschaft. Es erhält die Freiheit, die Gesellschaft zu formen. Das hat weitreichende Konsequenzen. Der Einzelne bekommt einen schöpferischen Zugriff auf die Gesellschaft, wenn er seine kreative Freiheit als Gestalter der Sozialen Plastik entdeckt. Seine Stellung gegenüber der Gesellschaft wird grundsätzlich verändert. Im Allgemeinen erlebt sich das Individuum als abhängigen Teil der Gesellschaft, es ist den Kräften und den Strukturen der Gesellschaft ausgeliefert. Freiheit kann das Individuum nur innerhalb von Freiräumen finden, die ihm die Gesellschaft einräumt. Einer dieser Freiräume ist die Kunst, die durch den reduzierten Kunstbegriff fein säuberlich von der übrigen Gesellschaft getrennt wurde und dem Individuum die Möglichkeit gibt, sich frei zu verwirklichen. Diese Vorstellung von einer freien Kunst in einer unfreien Gesellschaft ist in der Renaissance entstanden und hat sich seitdem immer weiter differenziert. Die Freiheit im Schonraum der Künste führte zu dem ungeheuren Formenreichtum, den wir heute noch in den Museen und Galerien bewundern können. In der freien Kunst lebte das von der Gesellschaft geknechtete Individuum seine Freiheit aus. Seit der Renaissance entstand ein Kunstideal, das sich den Zwängen der Gesellschaft mehr und mehr entzog. Der Geniekult ist ein erster Höhepunkt dieser Entwicklung. Das Genie ist von allen gesellschaftlichen Fesseln befreit. Seine Schöpfungen lösen sich von allen Konventionen. Die Natur selbst, die Antagonistin der Gesellschaft, erkoren sich die Künstler zur Richtschnur. Der geniale Künstler wurde zu einem Medium, durch das die Natur der Kunst ihre Regeln vorschrieb. Das Genie blieb aber im Freiraum der Renaissancekunst nicht lang allein, zu verführerisch war die Welt der Freiheit, in der es sich verwirklichen durfte. Die Bohème gesellte sich hinzu und erklärte seine Unabhängigkeit von der spießbürgerlichen, guten Gesellschaft. Die Kunst verlor darüber den Kontakt zur Gesellschaft. Künstler und Bürger fanden schließlich bloß noch auf dem Kunstmarkt zusammen, auf dem die Werke einzelner Künstler zu Spekulationsobjekten wurden. Heute interessiert uns der Preis eines Werkes mehr als sein Gehalt. Im Zeitalter des Neoliberalismus ist das künstlerische Individuum und seine Kunst vollkommen marginalisiert. Die Kunst lebt sicher verschlossen in einer Zyste, die überdies als Adapter zum Markt fungiert, inmitten der unfreien und total ökonomisierten Gesellschaft. Alle funktionalen Verbindungen zwischen Künstler und Gesellschaft, bis auf den Kunstmarkt mit seiner Vermarktungsfunktion und den verkitschten Rudimenten bürgerlicher Erbauungskultur, sind gekappt. Kunst ist heute Unterhaltung und dient selbst in ihren radikalsten und antibürgerlichsten Formen bloß noch der Zerstreuung politisch machtloser Verbraucher. Deshalb hat Kunst, wie Beuys es ausdrückt, »keinen Anlass« mehr und nur vom Erweiterten Kunstbegriff erwächst ihr ein neuer Sinn. »Ohne diese Erweiterung des Kunstbegriffes mit dieser Perspektive werden Menschen keinen Grund mehr haben, Bilder zu malen. Dann läuft sich das tot. Das ist das Problem. (...) die Kunst hat keinen Anlass. Diejenigen, die das willensmäßig doch noch machen wollen aus irgend einem Bedürfnis heraus, die kommen doch letztendlich zu modischen Effekten. Das wechselt im Sinne der Mode. «[60]

Der Erweiterte Kunstbegriff macht das Individuum zum Schöpfer der Gesellschaft, indem er es an seine Freiheit und seine Kreativität verweist. Das Individuum im Erweiterten Kunstbegriff ist zur aktiven Gestaltung der Gesellschaft aufgerufen und zwar nicht dadurch, dass es innerhalb der Gesellschaft eine bestimmte Funktion übernimmt, sich gesetzestreu verhält und seinen bürgerlichen Pflichten nachkommt. Im Gegenteil! Jeder Mensch soll als freier Künstler der Gesellschaft gegenübertreten und sie formen.

Doch was heißt das jetzt konkret? In welcher Weise soll der soziale Künstler auf die Gesellschaft einwirken? Soll der soziale Künstler nicht in allem, was er tut, bewusst zur Formung der Gesellschaft beitragen, da die Gesellschaft das alles umfassende Gebilde ist, das den Einzelnen in nahezu jeder Hinsicht bestimmt? Der Erweiterte Kunstbegriff wäre damit doch so etwas wie ein modifizierter Kategorischer Imperativ, der an uns alle eine umfassende Forderung stellt: *Schöpfe nur diejenigen Formen, von denen du willst, dass sie Teil der Sozialen Plastik werden.* Natürlich versteckt sich auch in diesem Imperativ ein ethischer Anspruch. Der Künstler soll nur solche Formen schöpfen, von denen er will, dass sie Teil der Sozialen Plastik und mithin Teil der gesellschaftlichen Realität werden, in der der Künstler selbst lebt. Wir können andererseits den ästhetischen Gesichtspunkt des schöpferischen Imperativs betonen: *Handle nur so, dass die Soziale Skulptur schöner*

---

[60] Harlan, Volker/Rappmann, Rainer/Schata, Peter: Interview mit Joseph Beuys, S. 21.

wird. Wir können aber auch noch einen Schritt weiter gehen. Wenn jede Lebensäußerung des Einzelnen zu einem Teil der Sozialen Plastik wird, dann geht es nicht allein um unser Handeln, sondern um unser Sein, sodass wir mit Gandhi sagen können: »*Be the change that you wish to see in the world.*« Jeder Akt eines Menschen, jeder Gedanke, jedes Gefühl ist ein Pinselstrich, der die Soziale Plastik verändert. Deshalb gilt es, bewusst zu agieren, bewusst zu denken und bewusst zu fühlen. Die Botschaft von Beuys lautet: Wir sind der Gesellschaft nicht ausgeliefert, sie ist unser Geschöpf. Wir können ihr morgen eine andere Gestalt geben, da wir es sind, die diese Gesellschaft formen.

Die Vorstellung, dass Handlungen von Einzelnen die Gesellschaft positiv verändern können, ist heute ungemein populär. Ich glaube aber, dass sie teilweise auf falschen Prämissen beruht. Wer nach dem Motto Gandhis lebt, hegt die Hoffnung, dass Vorbilder Nachahmer finden, bis die kritische Masse für eine wirkliche gesellschaftliche Veränderung zusammenkommt. So hoffen Tier- und Umweltschützer etwa, dass negative Erscheinungen wie die industrielle Tiermast oder der Klimawandel verschwinden, wenn nur ausreichend viele Menschen Vegetarier werden oder aufs Fahrrad umsteigen. Diese Vorstellung ist problematisch, und zwar aus zwei Gründen. Erstens belastet sie den Einzelnen mit einer Schuld, die im Prinzip wie die christlich-jüdische Erbsünde funktioniert. Der Einzelne ist unverschuldet schuldig geworden, allein dadurch, dass er in eine Welt hineingeboren wurde, in der es Missstände gibt. Auch wenn der einzelne Verbraucher keine einzige Tierfabrik errichtet hat, wird ihm unterschwellig die Schuld an der massenhaften Tierquälerei angelastet, da er in einem System lebt, dass er zwar nicht selbst geschaffen hat, dass er aber dadurch, dass er in ihm lebt, stützt und befestigt. Ob ein Ausstieg aus diesem System überhaupt möglich ist, will ich hier ebenso wenig diskutieren, wie die Frage, ob sich das System tatsächlich ändern würde, wenn die so genannte kritische Masse eine wirtschaftlich relevante Nachfrageänderung hervorriefe. Viel interessanter ist, dass beim Konzept der kritischen Masse der Wunsch der Vater des Gedankens zu sein scheint und die reale Machtlosigkeit des Einzelnen zu einer Gewissensfrage sublimiert wird, in der man nicht auf reale Wirkung aus ist, sondern vor allem sein Gewissen beruhigen möchte, indem man sich *moralisch richtig* verhält. Und zweitens lässt die Neigung, existenzielle Fragen zu einer Sache von Angebot und Nachfrage zu machen, den ideologischen Einfluss des Neoliberalismus erkennen, dessen atomistische Sichtweise die Gesellschaft zu einer Masse aus Individuen macht, die über Angebot und Nachfrage alles regelt. Die Gesellschaft ist jedoch nicht die Summe einzelner Menschen. Sie besteht vielmehr aus komplexen Komponenten wie zum Beispiel dem Rechtssystem, dem Verwaltungssystem oder dem Wirtschaftssystem. Auf all diese Subsysteme des umfassenden Gesamtsystems Gesellschaft haben selbst viele Einzelne kaum Einfluss. Das heißt allerdings nicht, dass es gar keine Möglichkeit gibt, die genannten Missstände zu beheben. Die notwendigen Hebel liegen aber vielleicht ganz woanders. Wer zum Beispiel die Tiermast humanisieren möchte, könnte zum Beispiel alles daransetzen, die gesetzlichen Bestimmungen, mit denen die Tiermast geregelt wird, zu verschärfen. Kleine Veränderungen an neuralgischen Punkten können die gewünschte Wirkung erzielen. Ein Verbot von Antibiotika in der Tiermast wäre nicht nur sinnvoll vor dem Hintergrund zunehmender Resistenzen bei tödlichen Keimen. Es würde indirekt auch sehr schnell dazu führen, dass die Tierbestände kleiner und der Platz, der den einzelnen Tieren zur Verfügung steht, größer würde, da anders die Ausbreitung von Krankheiten in den Tierfabriken nicht mehr zu verhindern wäre. Gut kalkulierte, politische Maßnahmen können unter Umständen sehr viel stärker wirken als Appelle an die Moral.

Gandhis Forderung wird damit jedoch nicht obsolet. Wer die Welt verändern möchte, sollte natürlich bei sich selbst beginnen. Doch wir sollten uns von der simplifizierenden Vorstellung verabschieden, dass man die Gesellschaft verändern könne, indem man einfach ein bestimmtes Handlungsmuster ablegt und abwartet, bis eine kritische Masse das Gleiche tut. Dafür sind wesentlich komplexere Veränderungsprozesse notwendig. Und vielleicht können wir diese Prozesse nur dann steuern, wenn wir als soziale Künstler das Beuys'sche ›Kreativikum‹ durchlaufen haben.

Denn wenn wir alle die Schöpfer der Sozialen Plastik sind, muss es Verbindungen zwischen der inneren Welt des sozialen Künstlers und der äußeren Welt der Dinge geben; und die soziale Wirklichkeit wäre aus dem Inneren des sozialen Künstlers heraus geschaffen. Diese Meinung vertritt die Beuys-Schülerin Shelley Sacks. Sie definiert Materie als verdichtete Idee. »Jedes Gebäude, jede Straße, jede Schule, jedes Atomkraftwerk, jedes Wirtschaftssystem, jede Beziehung oder was auch immer ist manifestes Denken.«[61] Durch eine gezielte Sensibilisierung der ästhetischen Erfahrung will sie die Verbindung zwischen dem Denken und den sichtbaren Manifestationen bewusst machen, da nur in völliger Bewusstheit Veränderung möglich sei. Der Prozess der Sensibilisierung und das Erkennen der Verbindungen von Innen und Außen, Denken und Wirklichkeit, Imagination und Realität vollziehen sich laut Sacks in einem ›Soziale-Plastik-Prozess‹ als individuelle und kollektive ›ästhe-

---

[61] Sacks, Shelley/Kurt, Hildegard: Die rote Blume, S. 156.

tische Praxis‹. Die ästhetische Praxis ist ein Prozess der Reflexion, der Selbsterkenntnis, und er hat den Zweck, den Menschen frei für Veränderung zu machen. »Sobald ich anfange zu sehen, wie ich handle und wie ich denke, wird Freiheit eine Möglichkeit in meinem Leben!«[62] Wenn wir »die Verbindung zwischen der unsichtbaren Sphäre der Gedanken und Haltungen und deren sichtbaren Manifestationen — der Art, wie wir auf diesem Planeten leben — wirklich sehen können, verstehen wir vielleicht, was sein könnte und wo die Ursachen unnötigen Leidens liegen.«[63] Die Kultivierung des Menschseins in der ästhetischen Praxis bildet nach Sacks die Voraussetzung für neue Gemeinschaften. »Befreien wir uns aus der Täuschung, Solidarität und geteilte Verantwortung bedeuteten notwendigerweise ein Negieren von Individualität. Um Formen wirklich zukunftsfähiger Gemeinschaft hervorzubringen, braucht es lebendige, selbstreflexive, ver-antwort-liche Individuen; Menschen, die tief in ihrem eigenen Wesen die Not spüren und kraft ihrer Liebe bereit sind, gemeinsam Wege hin zu einem umfassenden Miteinander aller Wesen zu finden. Ein solches Miteinander – das neue, tragfähige Wirtschafts- und Demokratieformen braucht und hervorbringt — stellt ein Emergenzphänomen dar, welches nur durch Individuen, die zusammen denken und arbeiten, ermöglicht werden kann.«[64]

Die Veränderung, die wir in der Welt sehen wollen, beginnt beim Individuum, dass sich zunächst bewusst werden muss, inwiefern die soziale Realität eine Manifestation des Denkens ist. Ästhetik ist nach Sacks Bewusstheit und steht damit im Gegensatz zur Anästhesie, der Bewusstlosigkeit. Die

---

[62] Ebd., S. 178.
[63] Ebd., S. 156.
[64] Ebd., S. 179.

offene, vorbehaltlose Wahrnehmung dessen, was ist, setzt den oft sehr schmerzhaften Prozess der Bewusstwerdung in Gang. Das Äußere wird als Inneres erkannt und betrachtet. Und im Anschauen des eigenen Denkens erlebt der Einzelne die Freiheit zur Veränderung. Das oberflächliche und an der Peripherie verweilende Konzept der kritischen Masse verwandelt sich in der ästhetischen Praxis in eine in die Tiefe des Ichs hineingreifende Veränderungsstrategie.

Substanz und Gehalt der Sozialen Plastik

Man ist immer wieder geneigt, den Erweiterten Kunstbegriff metaphorisch zu verstehen, da ein wörtliches Verständnis viele Fragen aufwürfe. Ist es überhaupt vorstellbar, dass das Individuum seine soziale Kreativität allseitig entwickelt, die Beherrschung der Werkzeuge der sozialen Gestaltung einstudiert und seine künstlerische Freiheit nutzt, um die Gesellschaft zu formen? Wird hier nicht von allen Menschen etwas gefordert, das wir bisher wegen seiner Seltenheit als künstlerische Ausnahmeerscheinung verehrten? Wird die Soziale Plastik überhaupt von Einzelnen in gemeinsamer Arbeit geschaffen oder braucht es dafür nicht einen *kollektiven Künstler*? Und wie sollen wir uns einen kollektiven, sozialen Künstler und seinen Schaffensprozess vorstellen? Der kollektive Künstler ist ja nicht bloß eine Menge einzelner Künstler, die irgendwie zusammenwirken. Wir müssen ihn uns als eine wie auch immer geartete Einheit vorstellen. Wie ringt ein kollektiver Schöpfer mit den determinierenden Mächten des sozialen Gestaltens, die ihn ebenso einengen wie die Moden und Konventionen den individuellen Künstler, und wie überwindet er seine Ohnmacht, gegen die auch der individuelle Künstler ankämpfen muss? Wie erkennt der soziale Künstler seine Bedürfnisse und wie realisiert er seine Freiheit? Wie können Kreativität und Freiheit, die wir als Kräfte im Individuum wahrnehmen, gesellschaftlich und kollektiv verstanden und erfahren werden? Sind die Gegensätze zwischen den einzelnen Individuen sowie zwischen dem Individuum und der Gesellschaft nicht unüberbrückbar, sodass wir sie zwar mit Gesetzen leidlich ausgleichen können, sie aber niemals in einem kreativen Prozess dergestalt überwinden, dass beide – Individuum und Gesellschaft – im sozialen Kollektivkünstler aufgehen? Diese Fragen sind immer noch offen und wir würden ihnen ausweichen, wenn wir den Erweiterten Kunstbegriff metaphorisch verstünden und ihm damit jede Schärfe nähmen.

Eine der wichtigsten offenen Fragen ist folgende: *Was ist die Substanz der Sozialen Plastik?* Wir sind durch die bisherigen Überlegungen verführt zu sagen, dass die Substanz der Sozialen Skulptur die Gesellschaft selbst sei. Diese Definition ist aber unzureichend. In ihr erscheint die Soziale Plastik als metaphorische Umschreibung der Gesellschaft und das wollten wir vermeiden. Wenn die Soziale Plastik aber mehr als eine Metapher sein soll, müssen wir in der Lage sein, Form und Inhalt, Gestaltung und Substanz zu unterscheiden.

Auf der Suche nach dem Material der Sozialen Plastik fällt uns zunächst der einzelne Mensch ein. Wenn der Einzelne das Material ist, dann bilden alle Menschen zusammen, organisiert durch Sitten, Gebräuche, Vernunft und Gesetze, die Gesellschaft. Doch diese Vorstellung ist problematisch. Entweder sind wir gezwungen, von der Komplexität von Individuen abzusehen, damit sie als homogenes Material der Sozialen Plastik als Substanz dienen, oder wir multiplizieren die Komplexität der Sozialen Plastik, indem wir die Persönlichkeit von Individuen in ihrer ganzen Komplexität in die Überlegungen mit einbeziehen. Überdies hat die Soziologie einen sehr differenzierten Begriff von Gesellschaft. *Die* Gesellschaft gibt es nicht. Es gibt immer nur »eine durch unterschiedliche Merkmale zusammengefasste und abgegrenzte Anzahl von Personen, die als sozial Handelnde (Akteure) miteinander verknüpft leben und direkt oder indirekt sozial interagieren«[65] Haben wir es

---

[65] Gesellschaft (Soziologie). 2015. Internet: http://de.wikipedia.org/w/index.php?title= Gesellschaft_(Soziologie)&oldid=139065442. Zuletzt geprüft am: 7.4.2015.

also nicht mit einer, sondern mit vielen Sozialen Plastiken zu tun? Aktionskünstler, die Kunstwerke durch Interaktion mit dem Publikum schaffen oder das Publikum in einer Weise einbeziehen, dass es zum Mitschöpfer wird und von einem lediglich rezipierenden Publikum eigentlich nicht mehr gesprochen werden kann, zeigen uns, dass Soziale Plastiken Gemeinschaften überhaupt erst entstehen lassen, auch wenn es sich um Gemeinschaften auf Zeit handelt, die nach der Aktion wieder in einzelne Individuen zerfallen. Diese Sozialen Plastiken auf Zeit bilden dabei aus einer abgegrenzten Anzahl von Personen eine Gesellschaft en nuce. Ein Beispiel für eine solche temporäre Miniaturgesellschaft wären zum Beispiel Flashmobs. In dieser Form der Aktionskunst wird zweifelsohne mit Individuen gearbeitet, die jedoch ihre Individualität dem gemeinsamen Schaffensprozess unterordnen. Aus soziologischer Sicht baut aber die Gesellschaft von Anfang an mit komplexeren Bausteinen wie der Familie, dem Kriegskönigtum oder den Zünften. Atomistische, individualistische Vorstellungen von der Gesellschaft sind relativ jung und prägen vor allem die Politik des Neoliberalismus. In der ideologisch geprägten Sichtweise des Neoliberalismus, die das Individuum geradezu feiert, wird dieses atomistische, bindungslose Individuum ironischerweise zur schmiegsamen Verfügungsmasse der Konzerne. Sowohl Kunden als auch Mitarbeiter sind als machtlose Individuen der institutionalisierten Macht der Konzerne ausgeliefert. Das neoliberalistische Individuum besitzt zwar virtuell die vollkommene Freiheit der unbeschränkten Selbstbestimmung, da es nicht mehr von der Familie, der Religion oder der Kaste bestimmt wird; es ist aber in Wirklichkeit ein Nichts, das bloß in den Büchern der Konzerne gezählt wird. Die Emanzipationsbewegungen sind die schöne Schauseite des Kapitalismus, dessen hässliche Rückseite die Auslieferung der Menschen an die Konzerne ist. Der neoliberale, atomistische Einzelne kann immer nur Teil einer Masse sein, die wir im Sinne der Sozialen Plastik nicht nur als ungestaltet, sondern vermutlich auch als *ungestaltbar* bezeichnen müssen. Jeder Mensch ist zwar an der Gestaltung der Sozialen Plastik beteiligt, aber er bildet nicht als Einzelner ihr Material.

Die Frage nach dem *Material* der Sozialen Plastik wirft also große Probleme auf. Versuchen wir es auf einem anderen Wege und untersuchen wir zunächst ihren *Gehalt*. Der Gehalt scheint von Beuys recht genau bestimmt worden zu sein. Er sagt, dass die Bedürfnisse der Menschen in der Sozialen Plastik zum Ausdruck kommen sollen. Der Gehalt der Sozialen Plastik ist damit bestimmt; es sind die Bedürfnisse der Menschen. Wenn aber die Bedürfnisse der Menschen in der Sozialen Plastik zum Ausdruck kommen sollen, so stellt sich die Frage, inwiefern Beuys sich in dieser Frage an die humanistische Psychologie anlehnt, die die menschlichen Bedürfnisse zur Grundlage soziologischer Überlegungen macht. Der Begründer der humanistischen Psychologie, der US-amerikanische Psychologe Abraham Maslow hat die Bedürfnisse des Menschen in einer Bedürfnispyramide[66] hierarchisch dargestellt. Die Basis der Pyramide bilden die physiologischen Bedürfnisse wie Luft, Wasser und Nahrung. Dann folgen die Sicherheitsbedürfnisse wie der Schutz vor Gewalt und Feinden, die sozialen Bedürfnisse wie Liebe und Freundschaft, die Individualbedürfnisse wie Freiheit, Unabhängigkeit, Erfolg, Achtung und Prestige, und schließlich, an der Spitze der Pyramide, das Bedürfnis nach Selbstverwirklichung. Das Modell wurde vor allem in Marketingkreisen sehr populär und viel-

---

[66] Vgl. Maslow, A.H.: A Theory of Human Motivation. In: Psychological Review 50 (1943). Internet: http://psychclassics.yorku.ca/Maslow/motivation.htm. Zuletzt geprüft am: 17.11.2015. S. 370–396; Maslow, Abraham H: Motivation and personality. New York 1954.

fach modifiziert. Die Maslowsche Bedürfnispyramide veranschaulicht, dass der Mensch Bedürfnisse ganz unterschiedlicher Art hat und man Grundbedürfnisse von weniger dringlichen Bedürfnissen unterscheiden kann. Natürlich ist eine Hierarchisierung von Bedürfnissen nicht ganz unproblematisch und nicht selten von einem bestimmten Interesse geleitet, wie die Diskussionen bei der Bestimmung einer Armutsgrenze oder der Festlegung eines Existenzminimums in der Sozialpolitik immer wieder zeigen. Wenn man wie Beuys oder die humanistische Psychologie von den Bedürfnissen des Individuums ausgeht, dann wächst der Gesellschaft vor allem die Aufgabe zu, die Befriedigung dieser Bedürfnisse zu gewährleisten. In Platons Staat ist es übrigens umgekehrt: dort sollen die Individuen die Bedürfnisse des Staates erfüllen, indem sie sich willig in ein rigides Kastenwesen fügen. Die humanistische Psychologie stellt das Individuum ins Zentrum und setzt gleichzeitig voraus, dass alle Bedürfnisse nur innerhalb der Gesellschaft befriedigt werden können. Bei einigen Bedürfnissen ist dies so offensichtlich, dass es kaum thematisiert wird. Bedürfnisse wie Achtung und Prestige setzen per se eine Gemeinschaft von Menschen voraus. Achtung und Prestige kann ein Individuum nur in den Augen der anderen erlangen. Doch auch die übrigen Bedürfnisse setzen zu ihrer Befriedigung das Dasein einer Gemeinschaft voraus. Ohne die Gesellschaft und ihre Arbeitsteilung könnten heute nicht einmal mehr die physiologischen Bedürfnisse der Menschen gestillt werden. Unter dem Einfluss der humanistischen Psychologie bezeichnen wir eine Gesellschaft als gut organisiert, wenn sie die Bedürfnisse der Menschen umfassend erfüllt. Und wir sprechen von Anarchie, Chaos oder einem gescheiterten Staat, wenn in einer Weltgegend alle gesellschaftlichen Bande zerreißen und ein Zustand ausbricht, in dem nicht einmal die dringlichsten Bedürfnisse befriedigt werden und der mit dem Hobbes'schen Krieg aller gegen alle recht gut umschrieben ist. Die humanistische Psychologie gibt der Gesellschaft einen Sinn. Sie soll die menschlichen Bedürfnisse befriedigen und dem Glück der Menschen, die sie bilden, dienen. Der Gesellschaft geht es letztendlich um das gemeine Wohl, das Wohl aller, wie auch immer dieses Gemeinwohl im historischen Kontext definiert wird. Selbst in extrem individualistisch geprägten Gesellschaften wie der unsrigen gibt es noch einen rudimentären Begriff vom Gemeinwohl. Das Gemeinwohl darf dabei weder mit allgemeinem Luxus noch mit einer kommunistischen Utopie verwechselt werden. Es ist vielmehr der gesellschaftlich abgesteckte Rahmen, in dem der Einzelne seine Bedürfnisse befriedigen kann. Ob die Arbeit, die zur Befriedigung der Bedürfnisse notwendig ist, weitgehend dem Einzelnen überlassen bleibt oder als Aufgabe der kollektiver Daseinsvorsorge begriffen wird, ist in unserem Zusammenhang nicht entscheidend. Man kann den Rahmen weit oder eng abstecken. Ein Beispiel macht dies deutlich. Die ärztliche Versorgung im Krankheitsfall – ein wichtiges Grundbedürfnis des Einzelnen – wird in den USA und in Europa auf sehr unterschiedliche Art und Weise organisiert. Während die Menschen in Europa von einer allgemeinen, gesetzlichen Krankenversicherung profitieren, hatten die Menschen in den USA bis zur Einführung der staatlichen Krankenversicherung unter Präsident Obama lediglich die Möglichkeit, sich privat zu versichern oder im Krankheitsfall die Behandlungskosten aus der eigenen Tasche zu bezahlen. Die Absicherung in den USA ist im Vergleich zu der Sicherheit, die Europa im Krankheitsfall den Menschen bietet, geringer. Dennoch war auch in den USA immer ein gewisser Rahmen zur Absicherung vorhanden. Es gibt andererseits aber auch Übereinstimmungen zwischen Europa und den USA. So kontrolliert hüben wie drüben der Staat die Zulassung von Medikamenten. Sinn und Zweck dieser Regelung ist der Schutz der Menschen vor unwirksamen oder sogar schädlichen Medikamenten. In diesem speziellen Bereich ist der Rahmen in beiden Gesellschaften auf ähnliche Weise abgesteckt. Noch wichtiger aber ist, dass es sowohl in den USA als auch in Europa überhaupt ein funktionierendes Gesundheitswesen mit spezialisierten Ärzten, hochentwickelter Diagnostik und wirksamen Therapien gibt. Wir verdanken diese Tatsache einer in Europa wie den USA wissenschaftlich und technologisch hochentwickelten und wirtschaftlich leistungsfähigen Gesellschaft, die den sozioökonomischen und wissenschaftlichen Rahmen für das Gesundheitswesen bildet. Das war nicht immer so und ist in einigen Teilen der Welt auch heute noch nicht selbstverständlich. Der Rahmen des Gemeinwohls, den die Gesellschaft absteckt, variiert, er verändert sich mit der Zeit und er ist nicht überall auf der Welt gleich. Man kann Geschichte als das Ringen der menschlichen Gemeinschaft um diesen Rahmen des Gemeinwohls verstehen. Gesellschaften entstehen und vergehen, je nachdem, wie gut es ihnen gelingt, das Gemeinwohl zu sichern. Denn eine Gesellschaft, die das Gemeinwohl offen bekämpft, ist ein absurdes Gebilde, das selbst bei Anwendung nackter Gewalt dem schnellen Untergang nicht entgehen könnte. Ein Mindestmaß an Gemeinwohlorientierung ist für den Fortbestand einer Gesellschaft unentbehrlich. Die physische und psychische Gewalt, die notwendig ist, eine Gesellschaft zu erhalten, kann vielleicht als ein Maß dafür dienen, wie gut es ihr gelingt, das Gemeinwohl zu sichern. Je gewalttätiger eine Gesellschaft, um so schlechter ist es um das Gemeinwohl bestellt.

Der Gehalt der Sozialen Plastik wäre damit bestimmt: es ist das Gemeinwohl oder die Allmende. Was aber ist ihre Substanz? Wie oder durch was kommt der Gehalt der Sozialen Plastik zum Ausdruck? Es geht in der Sozialen Plastik um den Ausdruck der Allmende, denn die Allmende ist das Bedürfnis *aller* Menschen. Sie ist das allen Menschen gemeine Interesse, in ihr vereinigen sich individuelle und kollektive Bedürfnisse, denn sie ermöglicht erst die Befriedigung der individuellen Bedürfnisse des einzelnen Menschen. Sie gehört allen und keinem. Das Gemeingut, das gut für alle und nicht nur für Einzelne ist, soll in der Sozialen Plastik zum Ausdruck kommen. Das heißt aber nichts anderes, *als dass es wahrhaft verwirklicht werden soll*, denn die Soziale Plastik ist kein Symbol, das auf etwas anderes verweist, sondern *die Sache selbst*. Wenn aber Zeichen und Inhalt zusammenfallen, dann fallen auch Substanz und Gehalt in eins. Die Allmende ist nicht nur der Gehalt der Sozialen Plastik, sie ist auch ihre Substanz.

Die Allmende

Gehalt und Substanz der Sozialen Plastik ist die Allmende und jeder Mensch ist ein sozialer Künstler, insofern er zur Formung der Allmende beiträgt. Wir haben diese Definition gefunden, als wir von den Bedürfnissen der Menschen ausgingen, die in der Sozialen Plastik zum Ausdruck kommen sollen. Wir haben dabei das, was die menschlichen Bedürfnisse befriedigt oder ihre individuelle Befriedigung erst möglich macht, als das Gemeinwohl bezeichnet. Wie im letzten Kapitel bereits angeklungen, befriedigt das Gemeinwohl nicht alle individuellen Bedürfnisse eines Menschen. Es bildet vielmehr einen Rahmen, innerhalb dessen sich der Einzelne darum bemühen kann, seine individuellen Bedürfnisse zu befriedigen. Die Allmende ist der Raum, in dem das Individuum sich entfalten kann. Sie gibt ihm die Freiheit, sich individuell selbst zu verwirklichen. Der Begriff der ›Allmende‹ gibt unserer Vorstellung von der Sozialen Plastik eine neue Prägnanz und deshalb ist es wichtig zu verstehen, was mit dem Begriff der ›Allmende‹ gemeint ist. Der Begriff ›Allmende‹ entstand im Hochmittelalter und bezeichnet eine Gemeindeweide. Dies ist ein Stück Land, das sich im Besitz einer Dorfgemeinschaft befindet und das jeder Dorfbewohner nutzen darf. Unter einer Allmende versteht man heute im Allgemeinen eine frei nutzbare wirtschaftliche Ressource. Dies können Gemeingüter wie Bodenschätze, Fischbestände oder öffentliche Infrastruktur wie Straßen oder Stromnetze sein. Darüber hinaus zählt man heute auch Wissen und Information zu den wirtschaftlich nutzbaren Ressourcen, die allen frei zur Verfügung stehen oder stehen sollten. Im Zuge dieser Begriffserweiterung entstand der Begriff der Wissensallmende, der frei zugängliche Immaterialgüter bezeichnet. Die Allmende als wirtschaftliche Ressource zu begreifen, verengt jedoch den Blickwinkel, indem es die Allmende auf ihre ökonomische Funktion beschränkt. Ich möchte den Begriff der Allmende deshalb allgemeiner fassen.

Zunächst einmal verstehe ich unter einer Allmende etwas, das jedem Menschen frei zugänglich ist. Der Aspekt, auf den es mir ankommt, hat ontologischen Charakter. Das Sein selbst ist eine Allmende, weil es vom Ursprung an für alle Menschen da ist. Ein Apfel, der auf einem Tisch in einem Raum liegt, ist für alle Personen, die sich in dem Raum befinden, zugänglich. Er ist *da*. Jeder kann ihn anfassen, an ihm riechen oder ihn verspeisen. Wenn nun jemand den Apfel aufisst, ist er anschließend nicht mehr da, weil er niemandem mehr zugänglich ist. Wenn eine Person den Apfel in seiner Tasche versteckt, damit ihn niemand anderes essen kann, dann ist der Apfel scheinbar nicht mehr da, weil er nicht mehr allen Personen sofort zugänglich ist. Allerdings würde eine gründliche Suche den Apfel wieder zum Vorschein bringen, sodass er wieder für alle da wäre. Stellen wir uns nun vor, dass eine Person in dem Raum den Apfel zu seinem Eigentum erklärt und allen anderen den Zugang zu ihm verbietet. Der Apfel *soll* nicht mehr für alle Personen da sein, obwohl er das in Wirklichkeit natürlich immer noch *ist*. Die Person versucht also eine juristische Fiktion zu etablieren, die zwar keinerlei Einfluss auf das Dasein des Apfels hat, aber die Vorstellung, den sich die Personen in dem Raum von dem Apfel machen, verändern möchte. Gelingt es dem Aneigner, die übrigen Personen davon zu überzeugen, dass der Apfel nun sein Privateigentum ist, wenn er also in den Personen die juristische Fiktion des Privateigentums verankert, so ist es ihm gelungen, die Allmende zu zerstören. Denn die Zerstörung der Allmende ist nichts anderes als die erfolgreiche Einführung juristischer Fiktionen, die das unmittelbar zugängliche Dasein einer Sache einschränken. Eine juristische Fiktion von so weitreichenden Folgen, wie sie das Privateigentum hat, ist natürlich nur mit Gewalt durchzusetzen. Niemand hätte die juristischen Fiktionen des Privateigentums freiwillig respektiert. Im Gegenteil, in früheren Zeiten hätte man vermutlich jeden, der eine Allmende zu seinem Privateigentum erklären wollte, geteert und gefedert. Das Privateigentum wurde deshalb überall mit Gewalt durchgesetzt. Und auch heute noch kann diese juristische Fiktion nicht ohne Gewalt bestehen, wie die Sanktionen für Diebstahl und Raub beweisen. Die ursprüngliche Allmende, das zugängliche Dasein der Dinge, ist immer nur *in der Vorstellung*, der juristischen Fiktion, außer Kraft gesetzt, niemals aber in der Wirklichkeit des Seins. *In Wirklichkeit* ist der Apfel, der nun offiziell Paul gehört, immer noch für alle da, bis ihn Paul oder jemand anderes aufgegessen hat. Ich möchte hier kein moralisches Urteil über Eigentumsdelikte fällen. Moralische Urteile gehören nicht hierher. Es ist wichtig festzustellen, dass die Verabredungen, die eine Gesellschaft hinsichtlich ihres Zusammenlebens trifft, immer juristische Fiktionen sind, ganz egal, wie sie zustande gekommen sind. Die Regeln des Zusammenlebens – von den Zehn Geboten bis hin zum Strafgesetzbuch – sowie die moralischen Urteile über die Verbrechen, die sich aus der Übertretung dieser Regeln ergeben, sind stets aus den juristischen Fiktionen abgeleitet. Bestimmte Regeln, wie zum Beispiel das Fünfte Gebot (›Du sollst nicht töten‹) beruhen sicher nicht bloß auf einer juristischen Fiktion, sondern auch auf einer kreatürlichen Abscheu vor dem Töten. Zweifellos arbeiten aber die ideologischen Staatsapparate mit aller Macht darauf hin, juristische Fiktionen in der Moral zu verankern, um ihnen jeden Schein von Willkür zu nehmen. Denn das Willkürliche vieler juristischer Fiktionen tritt bei genauerem

Hinsehen schnell zutage. Hinter dem Privateigentum bleibt die Allmende als das ursprüngliche, zugängliche Dasein der Dinge für immer bestehen.

Diesen sehr breiten Begriff der Allmende als das *Zugänglich-Sein der Dinge* möchte ich jedoch in einem zweiten Schritt wieder eingrenzen. Kein Ding ist für alle Menschen unmittelbar *da*. Der Mensch hat sich vielmehr das Dasein der Dinge erschlossen, ja viele Dinge hat erst der Mensch ins Dasein gebracht. Selbst der Apfel aus unserem Beispiel ist kein Ding der Natur, das unmittelbar *da* ist. Es ist eine Züchtung des Menschen. Das heißt, der Apfel ist nur deshalb da, weil Generationen von Menschen sich um die Züchtung von Äpfeln gekümmert haben.[67] Wir können folglich nur deshalb in einem Raum um einen Tisch herum stehen, auf dem ein Apfel liegt, weil wir – um ein geflügeltes Wort zu benutzen – auf den Schultern von Riesen stehen. Der Apfel ist das Ergebnis menschlicher Gemeinschaft. Sein Sein und seine Beschaffenheit verdankt der Apfel der Arbeit von Generationen. In ihm verdichtet sich Menschheitsgeschichte. Jahrtausende lang haben Menschen Apfelbäume kultiviert, Zucht- und Anbaumethoden entwickelt und ihre Kenntnisse an nachfolgende Generationen weitergegeben. Und das letzte Glied in dieser Kette, das gleichzeitig das erste in einer in die Zukunft hineinreichenden Ketten bildet, ist ein einzelner Apfel, der wie selbstverständlich auf einem Tisch liegt. Dieser Apfel wurde nicht allein von der Natur und auch nicht allein von dem Bauern *gemacht*, der den Apfelbaum als sein Eigentum bezeichnet, sondern vor allem von den ungezählten Generationen, die vor uns lebten. Er ist das gemeinschaftliche Werk von Natur und

---

[67] An anderer Stelle habe ich diesen Gedanken ausführlich behandelt. Vgl. Hasecke, Jan Ulrich, Demeter und die Allmende des Seins: Spekulativer Essay wider die Ahnenlosigkeit und die Anmaßung des Eigentums. Auflage: 1. 2014

Menschheit. Und da jeder Mensch auf dieser Welt ein Erbe der Generationen ist, die vor uns auf diesem Planeten wandelten, kann jeder Mensch als Erbe ein Recht an diesem Apfel anmelden. Ohne die Vorfahren eines jeden Menschen wäre dieser Apfel nie entstanden. Er ist ein Menschheitserbe, eine Allmende. Das gilt auch für Dinge, die in keinster Weise menschengemacht sind, denn das Wissen über ein Ding ist ihm wesentlich. Und das Wissen über reine Naturdinge ist ebenfalls kulturell bedingt. So ist selbst der Mond das Ergebnis menschlicher Geschichte. Sein nächtlicher Schein und seine Erscheinung mögen zwar unmittelbar gegeben sein, aber das Wissen über ihn und die Mythen, die um ihn kreisen, sind durch die Geschichte der Menschheit vermittelt. Der Mond ist uns nicht unmittelbar, sondern als das Wissen über ihn gegeben. Jedes Wissen ist ein Menschheitserbe, da es weder von einer Einzelperson erfunden, noch unmittelbar gegeben ist, sondern als Resultat eines kulturellen Prozesses aus der Vergangenheit auf uns gekommen ist. Wenn heute jemand nach Öl bohrt oder ein neues Medikament gegen eine schlimme Krankheit entwickelt, so nutzt er gemeinschaftlich erworbenes Wissen und gemeinschaftlich entwickelte Technologie. Ihre Erfolge verdanken Forscher und Pioniere letztlich der Menschheit. Damit will ich nicht sagen, dass wir uns alle an der Arbeit Einzelner bereichern sollten; aber wir sollten aufpassen, dass nicht Einzelne die Errungenschaften der Menschheit privatisieren, nur weil sie momentan das letzte Glied in einer langen Kette kultureller Wertschöpfungen sind. Wir sollten uns immer bewusst sein, dass Schürfrechte in der Ölindustrie und Patentrechte in der Pharmaindustrie lediglich juristische Fiktionen sind, die nur solange sinnvoll sind, wie sie ihren Zweck erfüllen. Und der Zweck ist ganz sicher nicht die möglichst grenzenlose Bereicherung einzelner Personen und

Unternehmen, sondern die Verbesserung des Gemeinwohls, indem man einen Rahmen setzt, durch den Erdölprodukte und wirksame Medikamente entstehen und verfügbar werden. Es gilt also, persönliche Anreize und das Gemeinwohl so auszugleichen, dass der maximale Nutzen für das Gemeinwohl entsteht. Wenn dafür hohe persönliche Anreize wie die genannten Monopolrechte geschaffen werden müssen, ist das völlig in Ordnung. Sie sollten sich jedoch niemals verselbstständigen. Und die persönlichen Interessen einzelner dürfen dabei nicht über den Interessen aller stehen. Privatinteressen dürfen immer bloß das Mittel sein, um den Zweck, das Gemeinwohl zu erreichen.

Die Allmende ist kein einfaches Dasein, das unmittelbar gegeben ist, sondern der durch die gemeinschaftliche Sorge der Menschheit ums Dasein über Generationen gewachsene Reichtum eines kulturell bedingten Seins. Dies gilt übrigens auch für die sprichwörtliche Gemeindeweide, von der sich der Begriff ›Allmende‹ herleitet. Ohne die gemeinsame Nutzung und Pflege würde sie verwildern und wäre als Weide untauglich. Sie existiert lediglich in einem Natur und Mensch umfassenden Kontext als *Soziale Plastik*.

Fassen wir zusammen. In der Sozialen Plastik kommen die Bedürfnisse der Menschen zum Ausdruck; und alle Bedürfnisse, von den grundsätzlichsten bis hin zu den je persönlichsten, kann der Mensch nur in der Gesellschaft als gesellschaftliches Wesen verwirklichen. Der Mensch ist ohne die Menschheit nicht denkbar, denn ohne ihr kulturelles Erbe wäre der Einzelne unfähig zu existieren. *Ohne Menschheit kein Mensch.* Der neoliberalistische Einzelne, der angeblich seines eigenen Glückes Schmied ist, steht in Wirklichkeit auf den Schultern von Riesen. Wenn aber alle Bedürfnisse des Menschen nur innerhalb der Gesellschaft befriedigt werden können, dann muss auch der Ausdruck dieser Bedürfnisse die soziale Verankerung der Bedürfnisbefriedigung berücksichtigen. Der Rahmen des Gemeinschaftlichen, in dem wir unsere Bedürfnisse befriedigen, muss also in der Sozialen Plastik immer mit ausgedrückt werden. Die kreative Arbeit an der Sozialen Plastik ist also *dasjenige kreative und kollektive Tun, das sich um die Allmende sorgt, sie pflegt, erweitert und stärkt.*

7000 Eichen

Ergibt sich aus der Definition der Sozialen Plastik als Allmende eine neue Interpretation des Werkes von Joseph Beuys?
Dieser Frage wollen wir im Folgenden am Beispiel der Aktion
›7000 Eichen. Stadtverwaldung statt Stadtverwaltung‹ nachgehen. Die Aktion war Beuys' Beitrag zur documenta 7 im Jahr
1982. Lassen wir sie kurz Revue passieren.[68] Innerhalb von
fünf Jahren wurden im Stadtgebiet von Kassel 7000 Bäume,
vorwiegend Eichen, gepflanzt. Neben jeden Baum wurde eine
Basaltstele aufgestellt. Die erste Eiche setzte Beuys am 16. März
1982 vor dem Fridericianum. Die letzte Eiche wurde nach seinem Tod während der documenta 8 am 12. Juni 1987 von
seinem Sohn Wenzel Beuys gepflanzt. Die 7000 Basaltstelen,
die für die Aktion benötigt wurden und aus Steinbrüchen in
der Umgebung von Kassel stammten, wurden zu Beginn der
Pflanzaktion in Form eines großen Keils auf dem Friedrichsplatz gelagert. An dem Steinhaufen ließ sich der Fortschritt
der Pflanzaktion ablesen. Immer, wenn ein Baum gepflanzt
wurde, verschwand eine Stele, um ihren Platz neben dem
Baum einzunehmen. Die Steine bildeten so eine mit dem Fort-
schreiten der Pflanzungen nach und nach verschwindende
Skulptur. Die Idee, alle 7000 Stelen zu Beginn der Pflanzaktion auf dem Friedrichsplatz zu lagern, erwies sich als genialer
organisatorischer Schachzug von Beuys. Viele Bürger nahmen
Anstoß an dem Stelenberg, der ihrer Meinung nach den schö-
nen Friedrichsplatz verunstaltete. Die Lagerung der Stelen mit-
ten in Kassel wurde zum Skandalon. Die Entrüstung von Tei-

---

[68] Die Aktion wird in zwei Büchern ausführlich beschrieben: 7000 Eichen, Joseph Beuys;
Beuys, Joseph/Fuchs, Rudi: 30 Jahre: Joseph Beuys, 7000 Eichen.

len der Kasseler Bürgerschaft erhöhte den Druck auf die Stadtverwaltung, die >Stadtverwaldung< tatkräftig zu unterstützen,
um so den >Schandfleck< möglichst schnell zu beseitigen. Die
Kasseler Bürger waren an der Entstehung des Kunstwerks
beteiligt. Sie konnten Vorschläge machen, an welchen Stellen
Bäume gepflanzt werden sollten. Die Resonanz war überwäl-
tigend. Im Projektbüro trudelten so viele Vorschläge ein, dass
nicht alle Wünsche erfüllt werden konnten. Viele Bürger nutzten die Gelegenheit, um ihr engstes Wohnumfeld endlich ver-
schönern zu lassen, andere wiederum wollten keine Bäume in
ihrer Umgebung haben, weil sie glaubten, dadurch Parkplätze
zu verlieren. Viele Freiwillige – nicht nur aus Kassel und der
näheren Umgebung – halfen mit, die Bäume zu pflanzen und
Stelen aufzustellen. Bürger, Politik und Verwaltung, die lokale
Presse, Vereine, Schulen, die Hochschule – nahezu ganz Kassel beteiligte sich in irgendeiner Form an der Aktion. Begeisterung und Widerstände hielten sich lange die Waage. Insbesondere CDU und FDP ließen kaum eine Gelegenheit aus, um
sich als Bremser und spießbürgerliche Kritiker der Aktion zu
blamieren. 56 Bäume sind kurz nach der Pflanzung von Unbe-
kannten gezielt zerstört worden.[69] Beuys brachte mit >7000
Eichen< eine ganze Stadt in Bewegung. Heute ist Kassel mit
Recht stolz auf die vermutlich größte Außenskulptur der Neu-
zeit.

Die Bäume wurden im öffentlichen Raum gepflanzt, die
Skulptur ist sowohl in ihren Teilen als auch in ihrer niemals
mit einem Blick zu erfassenden Gesamtheit allen Bürgern
zugänglich. Mit >7000 Eichen< ist ein Gemeingut entstanden,
das allen Bürgern der Stadt gehört. Die Skulptur lebt, da die
Bäume wachsen, unterschiedlich gut gedeihen und in Einzel-

---

[69] 7000 Eichen, Joseph Beuys, S. 236.

fällen auch wieder entfernt und an anderer Stelle ersetzt werden müssen. Kommende Generationen werden nicht nur in den Genuss der Skulptur kommen, sie werden sich auch an ihrer Pflege beteiligen müssen. Die Skulptur hat nur dann Bestand, wenn sie in die Zukunft hinein tradiert wird. ›7000 Eichen‹ erscheint vor diesem Hintergrund wie der Prototyp einer Sozialen Plastik. Das Werk ist durch kollektives Handeln entstanden, es ist allen Menschen zugänglich und seine weitere Existenz ist abhängig von der Pflege und Sorge künftiger Bürger Kassels. Nur wenn die Bäume und ihre Stelen von der Gemeinschaft gehegt und gepflegt und nicht, aus welchen Gründen auch immer, gefällt werden, bleibt die Skulptur erhalten und kann sich weiter entwickeln. Insofern wurde das Werk nicht am 12. Juni 1987 mit dem Setzen des 7000. Baumes abgeschlossen. Es ist ein offenes Kunstwerk, das in die Zukunft verweist, das lebt und gelebt werden muss. Das Werk ist eine Allmende, es ist nicht wie Privateigentum handelbar. Die Stadt kann die Skulptur nicht einfach auf dem Kunstmarkt verkaufen, wobei man im Neoliberalismus auch einen solchen Schritt nicht grundsätzlich ausschließen kann. Jede Art von Privatisierung selbst einzelner Bäume käme einer Zerstörung des Kunstwerks gleich, denn die Öffentlichkeit und der Gemeingut-Charakter des Werkes sind wesentlicher Bestandteil der Sozialen Plastik ›7000 Eichen‹. So ist ein Zerfall des Werkes ebenso denkbar wie sein Wachsen über viele Jahrhunderte hinweg, aber der Handel mit dem Werk scheint ausgeschlossen.

Der Eigentumsgedanke mischt sich jedoch immer wieder in die Geschichte des Kunstwerks ein. So erschweren ungeklärte Eigentumsverhältnisse die Pflege der sieben Bäume, die im Innenhof der Wohnstadt-Siedlung am Pferdemarkt gepflanzt wurden.[70] Zwei der sieben Bäume stehen auf städtischem Boden, zwei andere auf dem Grundstück der hessischen Wohnungsbaugesellschaft. Diese zwei Bäume würden auch gepflegt. Auf wessen Grund aber die anderen zwei, offensichtlich verwahrlosten Bäume stehen, sei nicht bekannt. Der siebte Baum ist ganz verschwunden. Seine Stele wurde im Hof vergraben und mittlerweile wiedergefunden.

Es gehört zur Ironie des Werks, dass seine Existenz durch die überkommene Werkidee geschützt wird, gegen die sich Beuys mit seinem Erweiterten Kunstbegriff gewendet hat. Der mit Beuys befreundete Galerist Franz Dahlem hat es einmal so formuliert: »Die Kasseler sind sich der langfristigen Auswirkungen der 7000 Eichen in ihren Köpfen noch gar nicht bewusst. Wenn es nämlich eines Tages einmal zur Wiedervereinigung kommen sollte, hat die Stadt geographisch wieder eine zentrale Lage und wird sich entsprechend ihrer neuen Bedeutung baulich geschickt und fortschrittlich vergrößern und neue Straßen bauen wollen, was aber dann nicht mehr geht, weil – da stehen halt schon überall die Eichen von Beuys herum – und die sind heilig!«[71] Wir erinnern uns in diesem Zusammenhang der berühmten ›Badewanne‹, die von zwei weiblichen Mitgliedern des SPD-Ortsvereins Leverkusen-Alkenrath 1973 ›gesäubert‹ wurde, weil sie darin während einer Veranstaltung Gläser spülen wollten. Die Stadt Wuppertal als Leihgeberin wurde daraufhin vom Besitzer des Werkes erfolgreich auf Schadensersatz verklagt. Mit einem Schadensersatzprozess endete auch die Zerstörung der Beuys'schen Fettecke in der Kunstakademie Düsseldorf. Gegen einen Ein-

---

[70] Documenta-Kunst am Pferdemarkt: Beuys-Bäume in desolatem Zustand. (2013). Internet: http://www.hna.de/kassel/beuys-baeume-desolatem-zustand-2979754.html. Zuletzt geprüft am: 29.8.2015.

[71] Zitiert nach Norbert Scholz in: 7000 Eichen, Joseph Beuys. S. 127

griff in die Skulptur ›7000 Eichen‹ könnten vermutlich die Erben von Beuys unter Berufung auf das Urheberpersönlichkeitsrecht klagen. Die Skulptur steht damit als Werk des erweiterten Kunstbegriffs unter einem gesetzlichen Schutz, der in Folge des reduzierten Kunstbegriffs entstanden ist. Hierin zeigt sich die Widersprüchlichkeit des künstlerischen Schaffens von Beuys, der trotz seines erweiterten Kunstbegriffs zeitlebens Kunstwerke schuf, die dank des reduzierten Kunstbegriffs im kapitalistischen Kontext handelbar waren. Der Werkcharakter von ›7000 Eichen‹ ist ein Relikt des reduzierten Kunstbegriffs, in dem eine Plastik als Werk einer Person gekennzeichnet wird, um sie zu einem handelbaren Objekt machen zu können. Der reduzierte Kunstbegriff ist eine Folge der Säkularisierung der Kunst, die parallel zur Privatisierung der Allmende verlief. Das Kultobjekt wird als Ausdruck des Göttlichen verstanden und im gemeinschaftlichen Kult erlebt. Das Kunstobjekt ist dagegen das Werk eines Künstlers, das individuell rezipiert wird. Der Gehalt des Werkes wird damit im wörtlichen wie im übertragenen Sinne zum geistigen Eigentum des Künstlers. Die Entstehung des Urheberrechts ist ohne die Säkularisierung der Kunst und ohne die kapitalistische Werkidee der handelbaren Kunst undenkbar. Die Säkularisierung der Kunst und die Einhegung der Allmende sind zeitlich und substanziell parallele Prozesse der Individualisierung.

In dem Werk ›7000 Eichen‹ wird die Widersprüchlichkeit des reduzierten Kunstbegriffs in der Tradierung des Werkes erlebbar, da die juristischen Fiktionen von Privateigentum und Urheberpersönlichkeitsrecht mit dem Allmende-Charakter des Werkes in einem beständigen Kampf verwickelt sind. Das Eigentum an dem Grund und Boden, auf dem Bäume und Stelen stehen, gefährdet das Weiterleben der Skulptur. Das Urheberpersönlichkeitsrecht, das momentan das Werk vor Veränderung schützt, ist zeitlich von begrenzter Dauer. Wirklich beständiger Schutz und Pflege ist nur durch die Gemeinschaft zu erwarten, die das Kunstwerk als Allmende begreift und gemeinsam in die Zukunft hinein tradiert. Die Tradierung erfolgt dabei völlig uneigennützig, denn ›7000 Eichen‹ ist keine wirtschaftliche Ressource, aus der ökonomische Vorteile zu ziehen sind, sondern ein Kunstwerk, das zudem nicht einmal handelbar ist. Beuys hat mit ›7000 Eichen‹, einem Werk, das selbst eine Allmende ist, eine symbolische Form gefunden, die das Wesen eines Gemeingutes offenbart.

Commoning

2009 erhielt die US-amerikanische Professorin für Politikwissenschaften an der Indiana Universität in Bloomington, Elinor Ostrom, den Nobelpreis für Wirtschaftswissenschaften. In der Würdigung der Königlich Schwedischen Akademie der Wissenschaft heißt es, Ostrom habe gezeigt, wie gemeinschaftliches Eigentum von Nutzerorganisationen erfolgreich verwaltet werden kann. Diese Auszeichnung gab der Commons-Forschung einen ungeheuren Auftrieb. In Deutschland macht sich seither die Heinrich-Böll-Stiftung um die Allmendeforschung verdient, indem sie eine von Silke Helfrich herausgegebene Schriftenreihe finanziert.[72]

Ostroms Nobelpreis befreite die Allmende von dem Fluch Garrett Hardins, der so lange auf ihr gelastet hatte. Der Mikrobiologe und Ökologe Hardin formulierte 1968 in einem Aufsatz in der Zeitschrift ›Science‹ mit dem Titel ›The Tragedy of the Commons‹ das so folgenschwere Gleichnis von den rational handelnden Hirten, die so lange immer mehr Tiere auf die Allmendeweide treiben, bis diese durch Übernutzung zerstört wird.[73] Hardin übernahm damit einen Fehlschluss, der bereits dem britischen Ökonom William Fors-

---

[72] In einer auf drei Bände konzipierten Reihe sammelt Silke Helfrich als Herausgeberin Aufsätze international renommierter Commons-Forscher, um die jüngsten Ergebnisse der Commons-Forschung einem breiten Leserkeis zugänglich zu machen. Bisher erschienen sind die ersten beiden Bände: Commons: für eine neue Politik jenseits von Markt und Staat. Hrsg. v. Silke Helfrich/ Heinrich Böll Stiftung. 2. Aufl. Bielefeld 2014; Die Welt der Commons: Muster gemeinsamen Handelns. Hrsg. v. Silke Helfrich/ David Bollier/ Heinrich Böll Stiftung. 1. Auflage. Bielefeld 2015.

[73] Hardin, Garrett: The tragedy of the commons. In: science 162/3859 (1968). Internet: http://www.sciencemag.org/content/162/3859/1243.full.pdf"> Zuletzt geprüft am: 28.12.2015. S. 1243–1248.

ter Lloyd (1794–1852) unterlaufen war und der erst von Elinor Ostrom revidiert wurde. Nach Hardin besteht die Tragik der Allmende darin, dass die rational-egoistisch handelnden Menschen gemeinschaftliche Ressourcen ausplündern und übernutzen und damit letztendlich zerstören. Ostrom konnte dagegen zeigen, dass Gemeinschaften, die eine Allmende nutzen, kollektiv akzeptierte Regeln entwickeln, die eine Übernutzung des gemeinschaftlichen Besitzes wirksam verhindern. Ostrom lenkte den Blick der Wissenschaft erstmals auf Strukturelemente und Handlungsmuster, mit denen Allmenden von Gemeinschaften erfolgreich verwaltet werden. Sie identifizierte acht Design-Prinzipien, die für eine nachhaltige Nutzung von Allmende-Ressourcen notwendig sind. Sie werden häufig auch als *Elinor's Law* zitiert.[74]

1. Grenzen
   Es existieren klare und lokal akzeptierte Grenzen zwischen legitimen Nutzern und Nicht-Nutzungsberechtigten. Es existieren klare Grenzen zwischen einem spezifischen Gemeinressourcensystem und einem größeren sozio-ökologischen System.

2. Kongruenz
   Die Regeln für die Aneignung und Reproduktion einer Ressource entsprechen den örtlichen und den kulturellen Bedingungen. Aneignungs- und Bereitstellungsregeln sind aufeinander abgestimmt; die Verteilung der Kosten unter den Nutzern ist proportional zur Verteilung des Nutzens.

---

[74] Die folgende Auflistung stammt aus: Die Welt der Commons: Muster gemeinsamen Handelns: Die Welt der Commons, S. 55.

3. Gemeinschaftliche Entscheidungen
   Die meisten Personen, die von einem Ressourcensystem betroffen sind, können an Entscheidungen zur Bestimmung und Änderung der Nutzungsregeln teilnehmen (auch wenn viele diese Möglichkeit nicht wahrnehmen).

4. Monitoring der Nutzer und der Ressource
   Es muss eine ausreichende Kontrolle über die Ressource geben, um Regelverstößen vorbeugen zu können. Personen, die mit der Überwachung der Ressource und deren Aneignung betraut sind, müssen selbst Nutzer oder den Nutzern rechenschaftspflichtig sein.

5. Abgestufte Sanktionen
   Verhängte Sanktionen sollen in einem vernünftigen Verhältnis zum verursachten Problem stehen. Die Bestrafung von Regelverletzungen beginnt auf niedrigem Niveau und verschärft sich, wenn Nutzer eine Regel mehrfach verletzen.

6. Konfliktlösungsmechanismen
   Konfliktlösungsmechanismen müssen schnell, günstig und direkt sein. Es gibt lokale Räume für die Lösung von Konflikten zwischen Nutzern sowie zwischen Nutzern und Behörden, zum Beispiel durch Mediation.

7. Anerkennung
   Es ist ein Mindestmaß staatlicher Anerkennung des Rechtes der Nutzer erforderlich, ihre eigenen Regeln zu bestimmen.

8. Eingebettete Institutionen (für große Ressourcensysteme)
   Wenn eine Gemeinressource eng mit einem großen Ressourcensystem verbunden ist, sind Governance-Strukturen auf mehreren Ebenen miteinander »verschachtelt« (Polyzentrische Governance).

Etwa zur gleichen Zeit, in der Ostrom für ihre Forschungen mit dem Nobelpreis geehrt wurde, prägte der Historiker Peter Linebaugh den Begriff ›Commoning‹. Mit dem Begriff, den man im Deutschen mit ›Gemeinschaffen‹ übersetzen könnte, betonen Commons-Forscher heute, dass es sich bei einer Allmende nicht um eine Sache, sondern um ein Tun, eine gesellschaftliche Praxis handelt.[75] Der neue Begriff ist kein eitles Spiel mit Worten. Durch die Allmendeforschung erschließt sich uns nach und nach eine neue transformative Sprache, in der Phänomene ›jenseits von Staat und Markt‹ – wie der Untertitel von Ostroms maßgeblicher Arbeit ›Die Verfassung der Allmende‹ lautet – benannt werden können. Die Sprache der Commons überwindet Gegensätze und betont ihre Beziehungen, das Relationale. Sie erweist sich damit als eine Paraphrase des von Beuys beschriebenen kreativen Prozesses, in dem der Wärme- und der Kältepol (Chaos und Form) im schöpferischen Handeln miteinander verbunden werden. Die Überwindung künstlich isolierter Gegensätze, wie sie zum Beispiel im Markt-Staat-Duopol zum Ausdruck kommen, befreit das Denken von seiner cartesianischen Einhegung, die unsere Kreativität beschneidet und dem Kapita-

---

[75] Linebaugh, Peter: The Magna Carta manifesto: liberties and commons for all. Berkeley, Los Angeles, London 2008. Internet: https://books.google.de/books?isbn=0520932706. Zuletzt geprüft am: 2.12.2015.

lismus seine Fortexistenz garantiert. Silke Helfrich und David Bollier formulieren diesen Zusammenhang folgendermaßen:

> »In dem Maße, wie sich dieses Markt-Staat-Duopol unserer Gesellschaften bemächtigte, korrumpierte sich auch unsere Sprache. Der konventionelle politische Diskurs, selbst ein Artefakt aus einer anderen Zeit, vermag weder unsere Probleme adäquat zu benennen, noch Alternativen zu formulieren oder Visionen zu entwerfen. Die Fallstricke der derzeit dominierenden politischen Sprache sind eng gespannt. Dualismen wie ›öffentlich‹ versus ›privat‹ und ›Staat‹ versus ›Markt‹ gelten als selbstverständlich. Als Erben von Descartes sind wir es gewohnt ›subjektiv‹ von ›objektiv‹ zu unterscheiden und ›Individuum‹ von ›Kollektiv‹. Wir fassen sie als Gegensätze auf. Auch das sind Relikte – lexikalische Erbschaften, die das Relationale verschleiern, die Tatsache, dass das Eine mit dem Anderen untrennbar verbunden ist. Noch sind diese Dualismen in unser Denken eingegraben. Das wird vor allem spürbar, wenn wir die Probleme der Gegenwart analysieren (oder deren Analyse in den Medien verfolgen) und wenn wir uns das Spektrum an Lösungen vergegenwärtigen, das gemeinhin für plausibel gehalten wird. ›Entweder – oder‹, heißt es dann. Ganz oder gar nicht. So segnet die Sprache des Kapitalismus dessen Zweckbestimmungen und Machtverhältnisse ab und vernagelt unser Denken mit einem schwer zu durchbohrenden Brett.[76]

---

[76] Helfrich, Silke/Bollier, David: Commons als transformative Kraft. In: Commons: für eine neue Politik jenseits von Markt und Staat. Hrsg. v. Silke Helfrich/ Heinrich-Böll-Stiftung. Bielefeld 2014. S. 15–23; hier: S. 18.

Der kolumbianische Anthropologe Arturo Escobar geht einen Schritt weiter und betont die Notwendigkeit *relationaler Ontologien*, durch die ein *Pluriversum* möglich wird, das mit dem hegemonialen *Universum* des Globalismus bricht und mannigfaltige Seinsweisen erlaubt.[77] In relationalen Ontologien haben die Beziehungen zwischen den Dingen eine substanzielle Bedeutung, während sie in der klassisch-aristotelischen Substanzphilosophie nur unwesentliche Bestimmungen eines Seienden sind. Eine weit verbreitete, relationale Ontologie ist der Buddhismus. Die Beziehungen zwischen den Menschen sowie die Beziehungen zwischen den Menschen und den Dingen ihrer Umwelt, den Tieren und Pflanzen, den Bergen und Seen, den Tälern und Ebenen, dem Land und dem Meer sind in einer relationalen Ontologie von wesentlicher Bedeutung. Relationale Ontologien sind vielgestaltig, sie lassen vielseitige, ja sich widersprechende Bestimmungen zu, wodurch ein Pluriversum entsteht, eine Welt mit vielen Welten, die einander gleichrangig sind. Die aristotelische Substanzphilosophie, auf der die europäische Denktradition beruht, besteht dagegen auf der Einheit der Welt, was letztlich zu einem intellektuellen Globalismus führt, der die Vielfalt der Lebensentwürfe und Weltsichten unter eine einheitliche Sichtweise zwingt.

Die von Ostrom erkannten Prinzipien – Helfrich und Bollier prägen dafür den Begriff ›Commonance‹[78] – beziehen sich auf *rivale* Allmenden. Als rivale Allmenden bezeichnet man begrenzte Ressourcen, um deren Nutzung Menschen miteinander rivalisieren. Dies sind natürliche Ressour-

---

[77] Escobar, Arturo: Commons im Pluriversum. In: Die Welt der Commons: Muster gemeinsamen Handelns. Hrsg. v. Silke Helfrich/ David Bollier/ Heinrich-Böll-Stiftung. Bielefeld 2015. S. 334–345.

[78] Helfrich, Silke/Bollier, David: Commons als transformative Kraft.

censysteme wie Fischgründe, Wälder und andere Rohstoff-vorkommen oder die oft als Beispiel zitierte Allmendeweide. Die Regeln sind aber auch unmittelbar auf rivale Gemeingüter anwendbar, die von einer Gemeinschaft aktiv erzeugt werden müssen. Beispiele für solche sozialen Allmenden sind gemeinschaftlich betriebene Bewässerungssysteme, Gemeinschafts-Kindergärten, Nachbarschaftsgärten oder kollektiv verwaltete Jugend- und Kulturzentren. Die Grenzen zwischen *natürlichen* und *sozialen* Allmenden sind fließend. Eine Allmendeweide entsteht erst durch die sozial geregelte Nutzung eines gerodeten Stück Lands; ließe man das Areal brach liegen, würde sich das Ökosystem verändern und – in unseren Breiten – vermutlich wieder ein Wald entstehen. Alle rivalen Allmenden, ob natürlichen oder sozialen Ursprungs, sind begrenzt und aus dieser Begrenzung entsteht unmittelbar die Rivalität der Nutzer. Zur Beschreibung von nicht-rivalen Allmenden sind Ostroms Design-Prinzipien nur eingeschränkt geeignet. So würde beispielsweise das erste Prinzip den Grundsätzen von freier Software, einem nicht-rivalen Gemeingut, geradezu widersprechen. Dieses Prinzip besagt, dass freie Software jedermann frei verfügbar sein soll. Grenzen zwischen legitimen und nicht legitimen Nutzern werden nicht gezogen, denn freie Software ist als Reaktion auf die künstliche Begrenzung von Nutzungsrechten durch Hersteller von proprietärer Software entstanden.

1985 veröffentlichte Richard Stallman das GNU Manifest[79], in dem er als Reaktion auf die zunehmende Kommerzialisierung der Softwareindustrie ein vollständig UNIX-kompatibles, freies Betriebssystem ankündigte. Das GNU Manifest

---

[79] Stallman, Richard: The GNU Manifesto. 1985. Internet: http://www.gnu.org/gnu/manifesto.html. Zuletzt geprüft am: 14.6.2015.

ist mit seiner Programmatik eine der wichtigsten Gründungs-urkunden der Free-Software-Bewegung. Zusammen mit dem Linux-Kernel bildet GNU als GNU/Linux heute das am wei-testen verbreitete freie Betriebssystem. Die Nutzung von freier Software wird durch besondere freie Lizenzen geregelt, von denen die bekannteste die GNU Public License (GPL)[80] ist. Freie Software erfüllt alle Bedingungen, die an ein Gemein-gut, ein Commons, eine Allmende gestellt werden. In den gängigen Definitionen von freier Software finden wir wich-tige Elemente wieder, die wir bei der Definition der Allmende benutzt haben. So definiert die Free Software Foundation (FSF) Freie Software folgendermaßen:[81] Software ist *Freie Soft-ware*, wenn sie eine Lizenz besitzt, die folgende Freiheiten ein-räumt:

1. Die Freiheit, das Programm zu jedem Zweck auszufüh-ren.
2. Die Freiheit, das Programm zu untersuchen und eige-nen Bedürfnissen anzupassen.
3. Die Freiheit, das Programm zu verbreiten *und damit seinen Mitmenschen zu helfen.*
4. Die Freiheit, das Programm zu verbessern und diese Verbesserungen zu verbreiten, um damit einen *Nut-zen für die Gemeinschaft* zu schaffen.

Für die Punkte 2 und 4 ist der Zugang zum Quellcode erforderlich. Punkt 3 und 4 definieren den ethischen Zweck von freier Software, der darin besteht, seinen Mitmenschen

---

[80] The GNU General Public License v3.0 - GNU Project - Free Software Foundation. 2007. Internet: http://www.gnu.org/copyleft/gpl.html. Zuletzt geprüft am: 6.5.2015.

[81] Vgl. dazu Free Software Foundation: Was ist Freie Software? Freie-Software-Definition. 2015. Internet: http://www.gnu.org/philosophy/free-sw.de.html. Zuletzt geprüft am: 15.6.2015.

zu helfen und einen Nutzen für die Gemeinschaft zu stiften. Software, die hinter diesen Forderungen zurückbleibt, wird von der FSF als unethisch bezeichnet. Dieser Aspekt ist interessant, denn im Grunde wird hier die Einhegung einer Allmende ethisch verworfen; ein Urteil, das in letzter Konsequenz auch auf rivale Allmenden angewendet werden könnte. Wir sind gewohnt, nicht die Werkzeuge selbst oder ihren Eigentumsstatus, sondern ihre Benutzung moralisch zu werten. Ein Hammer ist an sich weder gut noch böse, egal, wem er gehört, verwerflich ist lediglich, wenn ihn der Besitzer dazu benutzt, einem anderen Menschen den Schädel einzuschlagen. Erst der Bau und der Einsatz der Atombombe erschütterte diese wertneutrale Haltung gegenüber technischen Errungenschaften und naturwissenschaftlichen Erkenntnissen. Nach dem Abwurf der Atombomben auf Hiroshima und Nagasaki begann man heftig über die Verantwortung der Wissenschaft für die Folgen ihrer Entdeckungen zu diskutieren. Dabei wurde in der Regel zwischen Forschung und Anwendung unterschieden und nur an Letztere ethische Maßstäbe angelegt. Die FSF fällt jedoch kein Werturteil über die Art, wie man Software anwendet. Die Zwecke der Anwendung werden ausdrücklich freigestellt. Sie definiert stattdessen einen *inhärenten ethischen* Zweck von freier Software, der darin besteht, anderen Menschen durch die Weitergabe von Software zu helfen und durch Verbesserungen an der Software der Gemeinschaft zu nutzen. Wenn wir diesen Gedanken auf materielle Werkzeuge wie zum Beispiel einen Hammer übertragen, bedeutet dies, dass wir aufgerufen sind, den Hammer mit anderen Menschen zu teilen. In einer kleinen Gemeinschaft, zum Beispiel unter Freunden und Nachbarn, wird dieses Teilen auch ganz selbstverständlich praktiziert. Im ökonomisch-kapitalistischen Kontext konkurrierender Akteure werden Produktionsmittel in der Regel jedoch nicht geteilt. Freie Software soll aber unbeschränkt geteilt werden. Und wer anderen die Freiheit nimmt, Software zu teilen, handelt unethisch. Freie Software wird damit als eine Allmende definiert, deren Zweck darin besteht, der Allgemeinheit unbeschränkt zugänglich und nützlich zu sein. Jeder beschränkende Eingriff in diese Allmende ist unethisch. Und um die Einhegung freier Software für immer zu verhindern, haben maßgebliche Software-Lizenzen, wie zum Beispiel die GNU Public License (GPL), eine bestimmte Klausel entwickelt: das ›Copyleft‹. Der Begriff ›Copyleft‹ ist als eine spielerische Umdeutung des juristischen Begriffs ›Copyright‹ zu verstehen. Das ›Copyleft‹ bestimmt, dass alle abgeleiteten Programme eines unter der GPL stehenden Werkes von Lizenznehmern nur dann verbreitet werden dürfen, wenn sie von diesen ebenfalls zu den Bedingungen der GPL lizenziert werden. Mit dieser Klausel verhindert die GPL, dass ein Lizenznehmer freie Software in einigen Teilen verändert und unter einer restriktiven Lizenz weiterverbreitet, sodass die Software-Community zu diesen neuen, veränderten Teilen des Programms keinen freien Zugang mehr hat. Copyleft-Lizenzen schützen freie Software vor der Einhegung, einem Schicksal, das viele Allmenden in den letzten Jahrhunderten erlitten haben. Der Commons-Charakter freier Software vererbt sich auf abgeleitete Werke, weshalb die GPL auch als eine virale Lizenz bezeichnet wird. Für viele rivale, nicht digitale Allmenden kommt dieser juristische Kniff zu spät. Sie wurden bereits vor Jahrhunderten eingehegt und in Privat- oder Staatseigentum umgewandelt. Am besten untersucht ist die Einhegung von Grund und Boden, der ursprünglich als Allmende für die Bevölkerung eine wichtige, die Existenz sichernde Rolle gespielt hat. In ihrem Aufsatz ›Globaler Landraub‹ zeichnet Liz Alden Wily die Einhegung riesiger

Areale durch lokale Eliten, Kolonialisten und multinationale Konzerne in England, den USA und Afrika nach.[82] Neben blanker Gewalt wurden zumeist juristische Tricks benutzt, um die Einhegung zu legalisieren. So wird Gemeindeland, das nicht intensiv landwirtschaftlich oder für Siedlungen genutzt wird, als frei und verfügbar betrachtet. Viele Länder begünstigen den Landraub durch ausländische Investoren, indem sie Gesetze verabschieden, in denen gewohnheitsrechtlicher Landbesitz und nicht bewirtschaftetes Land als >herrenlos, unbewohnt und brachliegend< betrachtet wird. Dieses herrenlose Land gilt dann als Eigentum des Staates und kann von diesem an private Investoren verkauft oder verpachtet werden.[83] Der Prozess der Einhegung scheint unumkehrbar zu sein. Aber wie jede juristische Fiktion können auch die der Einhegung zugrunde liegenden Rechtsartikel jederzeit durch andere aufgehoben werden.

Punkt 4 der oben zitierten Definition von freier Software besagt, dass der Softwarecode beliebig und unbeschränkt verändert werden darf. An diesem Punkt zeigt sich ein weiterer Unterschied zwischen Immaterialgütern wie Software und begrenzten materiellen Gütern wie zum Beispiel einer Weide. Es ist selbstverständlich, dass nicht jeder, der eine Allmendeweide nutzen darf, sie einfach auf Gutdünken umpflügen kann, da sie so zerstört würde und für die Gemeinschaft verloren wäre. Allerdings kann die Gemeinschaft der Nutzer sich dazu entschließen, die Gemeindeweide in einen Gemeinschaftsacker oder einen öffentlichen Park zu verwandeln. Dies würde zwar die Weide zerstören, es entstünde dafür aber eine

---

82 Wily, Liz Alden: Globaler Landraub. Die neue Einhegung. In: Commons: für eine neue Politik jenseits von Markt und Staat. Hrsg. v. Silke Helfrich/ Heinrich-Böll-Stiftung. Bielefeld 2014. S. 166–176.

83 Ebd.

andere Allmende: ein Gemeindeacker oder ein Gemeinschafts-
park. Materielle Allmenden werfen stets die Frage auf, wie
man zu kollektiv akzeptierten Entscheidungen findet. Punkt
3 der Design-Prinzipien von Ostrom beantwortet diese Frage.
Entscheidungen müssen gemeinschaftlich gefällt und umge-
setzt werden. Bei einem Immaterialgut wie zum Beispiel Software sind Beschlüsse über Nutzungsänderungen obsolet, da
es unbegrenzt vervielfältigt werden kann, sodass es immer
auch in der ursprünglichen Form erhalten bleibt, selbst dann
wenn es durch viele Personen verändert wurde. Jede Veränderung erzeugt bloß eine veränderte *Kopie* des Originals, das
immer auch unverändert kopiert werden kann. Die Frage
nach der Entscheidungskompetenz stellt sich bei Immaterialgütern anders als bei materiellen Gütern. Sie bezieht sich
nicht auf die Integrität des Immaterialguts selbst, sondern
auf den Zusammenhalt innerhalb der Gemeinschaft, die das
Immaterialgut pflegt und weiterentwickelt. Die Geschichte
des freien Textverarbeitungsprogramms LibreOffice zeigt, wie
ein Allmende-Produkt, in diesem Fall der Software-Code
einer Office-Anwendung, eine Krise der Commons-Gemein-
schaft problemlos übersteht.[84] Ursprünglich hatte die deut-
sche Firma Star Division das Office-Paket als proprietäres
Produkt unter dem Namen StarOffice entwickelt. 1999 übernahm Sun Microsystems das Unternehmen und veröffentlichte die Quellen des Programms als freie Software unter
dem Namen OpenOffice.org. Als dann Oracle Anfang 2010
Sun Microsystems übernahm, gingen auch die Rechte an
dem Namen ›OpenOffice.org‹ an Oracle über. Ende 2010
entschlossen sich führende Mitglieder der OpenOffice.org-

---

[84] LibreOffice. In: Wikipedia. 2015. Internet: https://de.wikipedia.org/w/index.php?title=
LibreOffice&oldid=148280937. Zuletzt geprüft am: 2.12.2015.

Gemeinschaft eine Stiftung zu gründen, die die Weiterentwicklung der Software steuern sollte. Als sich Oracle weigerte, die Namensrechte an die Stiftung zu übertragen, wurde die Software unter dem Namen LibreOffice weiterentwickelt. Der freie Zugriff auf den Code und damit die kontinuierliche Pflege und Weiterentwicklung der Software war während all dieser turbulenten Veränderungen nicht beschränkt. Proprietäre Software hätte vermutlich die vielen Eigentümerwechsel nicht unbeschadet überstanden. Gemeinschaften, die eine nicht materielle Allmende pflegen, können auf Konflikte innerhalb der Gruppe der Commoners recht flexibel reagieren, da der Kern der Allmende, die Freiheit des Codes, stets gewährleistet ist. Sie können ihre Zusammenarbeit natürlich sehr viel fruchtbarer gestalteten, wenn sie Wege finden, wie sie den Prozess der Software-Entwicklung so gestalten, dass alle Mitglieder der Gemeinschaft mit dem Fortgang zufrieden sind. Denn anderenfalls drohen, wie die Geschichte von LibreOffice zeigt, Abspaltungen; Entwickler wandern ab, erstellen einen Fork des Codes und pflegen das Projekt unter anderem Namen weiter.

Die Dynamik freier Software ergriff schnell andere Immaterialgüter. Digitale Kulturgüter wie Filme, Musik und Fotos können ebenso wie Software verlustfrei kopiert und geteilt werden. Dies würde auf Kunst und Kultur eine ähnlich belebende Wirkung haben, wie sie freie Software auf die IT-Industrie gehabt hat, wenn sich die Dinge frei entwickeln könnten. Doch internationale Konzerne sehen durch freie Immaterialgüter ihre Geschäftsmodelle in Frage gestellt, sodass sie das veraltete Copyright-Regime als Waffe gegen die kulturelle Allmende einsetzen. Sie bezeichnen die Weitergabe von digitalen Kulturgütern als Piraterie, sie kriminalisieren das Teilen kultureller Güter und sie wollen die Menschen durch drastische Strafen von der Pflege der kulturellen Allmende abschrecken. Künstler und Konsumenten versuchen deshalb wie die Software-Community eine *legale* Alternative zum Copyright-vergifteten Kulturbereich aufzubauen, indem sie das restriktive Urheberrecht nach dem Muster der GPL durch neue freiere Lizenzen öffnen. Die bekanntesten Lizenzen im Kulturbereich sind die Creative-Commons-Lizenzen.[85] Trotz all dieser Bemühungen kommt es aber dort, wo die kulturelle Allmende mit den Interessen der Nutznießer des restriktiven Urheber- und Verwertungsrechtes kollidiert, zu Konflikten, die mit härtesten Bandagen ausgetragen werden. Selbst verfassungsrechtlich garantierte Grundrechte sollen notfalls außer Kraft gesetzt werden, um das Copyright-Regime internationaler Konzerne gegen Künstler und Konsumenten durchzusetzen.[86] Neuartige Lizenzen zu formulieren, ist in diesem Kulturkampf daher nicht der Weisheit letzter Schluss. Um der kulturellen Allmende Raum zur Entfaltung zu geben, werden wir das autoritäre Copyright-Regime beenden müssen.

Ein weiteres Kulturgut, dessen Charakter als Allmende durch die Digitalisierung erneut ins Bewusstsein tritt, ist die Wissenschaft und die Art, wie wissenschaftliche Erkenntnisse verbreitet werden. Profitorientierte Verlage haben im letzten Jahrhundert ein Monopol für die Distribution wissenschaftlicher Erkenntnisse errichtet, indem sie sich die Rechte an der Publikation sichern. Wissenschaftliche Aufsätze erscheinen nahezu ausschließlich in teuren Fachzeitschriften. An einer der wichtigsten Schnittstellen der wissenschaftlichen Kommuni-

---

[85] Creative Commons. 2015. Internet: http://creativecommons.org/. Zuletzt geprüft am: 6.5.2015.

[86] Vgl. Wilde, Rafaela: Vorratsdatenspeicherung bei Urheberrechtsverletzungen? 2011. Internet: https://www.wbs-law.de/urheberrecht/vorratsdatenspeicherung-bei-urheberrechtsverletzungen-9847/. Zuletzt geprüft am: 3.7.2015.

kation, der Veröffentlichung von Fachaufsätzen, spielen Verlage die Torwächter, die die Früchte wissenschaftlicher Arbeit vermarkten. Wissenschaftler sowie wissenschaftliche Institutionen und Bibliotheken, die den Fortschritten in ihrer Disziplin folgen wollen, müssen viel Geld aufwenden, um die teuren Fachzeitschriften zu erwerben. Dies führt dazu, dass Wissenschaftler in Entwicklungsländern vom wissenschaftlichen Fortschritt abgeschnitten werden, da sie sich die teuren Zeitschriften nicht leisten können. Open-Access-Aktivisten fordern daher seit Jahren, dass die Ergebnisse wissenschaftlichen Forschens der Allgemeinheit frei zugänglich sein sollen. Insbesondere Forschungsergebnisse, die durch öffentliche Förderung gewonnen wurden, sollen nicht mehr durch private Verlage vermarktet werden, sondern auf Open-Access-Plattformen via Internet von jedermann kostenlos abrufbar sein. Die Erkenntnis, dass das Wissen der Menschheit das Ergebnis einer generationsübergreifenden Forschungsgeschichte – und damit eine Allmende – ist und sich dies auch in einer allgemeinen Zugänglichkeit zeigen soll, setzt sich mehr und mehr durch. Jede neue Erkenntnis baut auf bestehendem Wissen auf. Wissenschaftlicher Fortschritt ist, betrachtet man ihn einmal durch die Brille der GPL, eine Modifikation des freien Codes, der unser gesamtes Wissen repräsentiert, und sollte daher dessen Freiheiten erben. Das Wissen der Menschheit sollte eine virale Allmende sein, die immer und überall für jedermann zugänglich ist. Leider sieht die Realität ganz anders aus. Neben den horrenden Preisen für wissenschaftliche Magazine, die für Wissenschaftler in ärmeren Ländern oder für Wissenschaftler in prekären Arbeitsverhältnissen eine schwer zu überwindende Hürde darstellen, gibt es weitere Hindernisse. Vor allem Patente, die die Nutzung wissenschaftlicher Erkenntnisse zum Wohle der Allgemeinheit unter Strafe stellen, sind hier zu nennen. Die Fesseln, die das Urheber- und Patentrecht der freien Entfaltung der kulturellen und wissenschaftlichen Kooperation anlegen, provozieren deshalb zunehmenden Widerstand. Ein Stein des Anstoßes ist die durch das Patentrecht vorangetriebene Privatisierung unseres biologisch-genetischen Erbes. Vielerorts sind Organisationen entstanden, die sich um den Schutz der biologischen Allmende kümmern, indem sie gegen Patente auf Gene und Lebewesen kämpfen, das Recht zur Weitergabe von Saatgut verteidigen oder durch die gezielte Pflege traditionellen Saatguts den Schatz des ererbten Genpools bewahren. Die genetische Information selbst ist wie Software ein Immaterialgut, das lediglich eines materiellen Trägers, nämlich des Saatguts, bedarf, um potenziell unbegrenzt vermehrt werden zu können. Damit sind die Freiheits-Anforderungen, die an freie Software gestellt werden, prinzipiell auch auf Saatgut anwendbar. Aber gerade in der Landwirtschaft sind mächtige wirtschaftliche Interessen großer Konzerne im Spiel, was zu heftigen Konflikten führt, die vor Gericht, in der Gesetzgebung und hinter verschlossenen Türen im Rahmen von Freihandelsvereinbarungen ausgetragen werden.

Die Ostromschen Design-Prinzipien beschreiben nicht nur erfolgreiche Handlungsmuster zur nachhaltigen Verwaltung von Allmenden, sie identifizieren auch den Angriffsweg, den die Feinde der Allmende nehmen, um sie zu zerstören. So reißen Angreifer die *Grenzen* zwischen Nutzern und Nicht-Nutzungsberechtigten durch Freihandelsvereinbarungen ein, die ›allen Marktteilnehmern gleiche Rechte garantieren‹. Die *Kongruenz* zwischen den Allmende-Regeln und der lokalen Kultur wird durch Einführung moderner Technik oder die Diskriminierung kultureller Besonderheiten ausgehebelt. Die *gemeinschaftliche Entscheidungsfindung* der Nutzer wird durch die parlamentarische Demokratie verdrängt, bei der nicht mehr die Betroffenen selbst, sondern anonyme Repräsentanten über das Schicksal der Allmende entscheiden. Staatliche Behörden und Institutionen übernehmen das *Monitoring*, das *Sanktionswesen* und die *Konfliktlösungsmechanismen*, auf die die Nutzer seit Jahrzehnten vertraut haben. Und schließlich kann der Staat den Nutzern einer Allmende die *Anerkennung* ihrer Rechte zur Selbstverwaltung auch schlicht und einfach verweigern und statt *polyzentrischer Governance* mit juristischer oder militärischer Gewalt zentralistische, staatliche Strukturen durchsetzen. Der Leser wird in den beschriebenen Angriffsvektoren unschwer die Methoden von Weltbank, internationalem Währungsfonds und anderen Organisationen erkennen, die sich weltweit für Wachstum, Fortschritt, Demokratie und Freihandel einsetzen. Die durch Ostrom begründete Commonsforschung gibt uns erstmals konkrete Handlungsempfehlungen, mit denen der globale Siegeszug des Kapitalismus aufgehalten und sein zerstörerischer Einfluss auf Natur und Kultur zurückgedrängt werden kann. Um den Prozess der Einhegung rückgängig machen zu können, sind Verfahren zur *Allmendisierung* notwendig, durch die Privateigentum und staatlich angemaßte Verfügungsrechte wieder in Allmende-Strukturen überführt werden. Dort, wo die ursprünglichen Gemeinschaften, die die Allmende pflegten, bereits untergegangen sind, dürfte eine solche Politik auf Schwierigkeiten stoßen, da einmal zerstörte Sozialbeziehungen, die Basis jeder Allmende, nicht einfach wieder neu geknüpft werden können. Dies gilt übrigens nicht bloß für indigene Gesellschaften, sondern auch für die europäischen Gesellschaften. Der Wohlstand Europas verdeckt bloß häufig die Zerstörungen, die durch die Einhegung der Allmende in den letzten Jahrhunderten geschehen sind. In

Europa wurden nicht nur Grund und Boden eingehegt, sondern auch die Vernunft. Die Einhegung der Allmende hat unseren Verstand und unsere Gefühle verändert. Umfassendes Privateigentum an Grund und Boden wird heutzutage als etwas Selbstverständliches betrachtet, und das nicht nur weil die Einhegungen in Europa seit Jahrhunderten abgeschlossen sind. Um den Wert einer Allmende zu begreifen, müssen wir unseren Geist erst einmal von den Einhegungen des technokratisch-kapitalistischen Denkens frei machen. Die politische Diskussion verläuft in Europa immer noch entlang des Markt-Staat-Duopols. Mehr Staat und weniger Markt oder weniger Staat und mehr Markt? – so lautet die im eingehegten Diskurs zulässige Fragestellung. Innerhalb dieses Denkgeheges hat sich die Rolle des Staates in den letzten Jahrzehnten dramatisch verändert. Nach dem Zusammenbruch der Sowjetunion und der Wiedervereinigung Deutschlands wurde der Neoliberalismus zur allein gültigen Ideologie. Und die neoliberalen Ideologen nutzten die Gelegenheit, um den Staat komplett auszuweiden. Wichtige Eckpfeiler der sozialen Daseinsvorsorge, die der Sozialstaat seit 1949 in Deutschland garantierte, wie die Renten-, Kranken- und Arbeitslosenversicherung sowie die Sozialhilfe wurden eingerissen oder privatisiert. Die Daseinsvorsorge, eine der wichtigsten Gemeinschaftsaufgaben überhaupt, wurde damit zu einem Geschäft der Privatwirtschaft. Ein Großteil der lebenswichtigen Infrastruktur wurde ebenfalls privatisiert. Die größten Erfolge des neoliberalistischen Raubzugs waren zweifelsohne die Privatisierung von Bahn und Post. Aber nicht nur im Bund wurde privatisiert, auch Länder und Kommunen veräußerten in rasantem Tempo Gemeinschaftseigentum – zunächst unter dem Vorwand durch privatwirtschaftliche Strukturen mehr Effizienz und Kundenorientierung zu erzielen, später aus nackter

Not, um die erdrückende Schuldenlast weiter bedienen zu können. Der Widerstand gegen diese Privatisierungen war gering. Erst als internationale Konzerne begehrlich nach der Trinkwasserversorgung schielten, regte sich in Europa erstmals spürbarer Widerstand. Öffentliche Daseinsvorsorge und öffentliche Dienstleistungen sind jedoch keine Allmenden.[87] Ihnen fehlen wichtige Merkmale eines echten Gemeingutes. So sind bei öffentlichen Dienstleistungen die Produzenten nicht gleichzeitig auch die Konsumenten der Leistung. Es gibt auch keine gemeinschaftlichen Entscheidungsstrukturen. Die Betroffenen sind nicht an der Verwaltung des Gemeingutes beteiligt und können nur eine sehr indirekte parlamentarische Kontrolle ausüben. Allerdings wächst die Zahl der Initiativen, die an Stelle öffentlicher Dienstleistungen gemeinschaftlich organisierte Strukturen stellen möchten. So entstehen zurzeit an vielen Orten Bürgergenossenschaften, die Anlagen zur Stromerzeugung aus erneuerbaren Energiequellen errichten. Echtes Commoning ist das in der Regel nicht, denn zumeist werden bloß neue kapitalistisch orientierte Unternehmen geschaffen, an denen ein Teil der Bürgerschaft Anteilsscheine hält. Deshalb dürfen öffentliche Aufgaben, die die Kommune aufgrund finanzieller Unterversorgung nicht mehr erfüllen kann, nicht einfach an Akteure aus der Zivilgesellschaft ausgegliedert werden. Das wäre geradezu ein neoliberalistischer Missbrauch des Commons-Gedankens.[88] Nachdem die profitablen Aufgaben staatlichen Handelns privati-

---

[87] Quilligan, James B.: Warum wir Commons von öffentlichen Gütern unterscheiden müssen. In: Commons: für eine neue Politik jenseits von Markt und Staat. Hrsg. v. Silke Helfrich/ Heinrich-Böll-Stiftung. Bielefeld 2014. S. 99–106.

[88] Kratzwald, Brigitte: Commons und das Öffentliche. Wem gehören öffentliche Dienstleistungen? In: Commons: für eine neue Politik jenseits von Markt und Staat. Hrsg. v. Silke Helfrich/ Heinrich-Böll-Stiftung. Bielefeld 2014. S. 79–84.

siert sind, würden so die defizitären, also vor allem die sozialen Aufgaben auf die Zivilgesellschaft abgewälzt. Ein besonders abstoßendes Beispiel für die Privatisierung staatlicher Sozialpflichten ist die Tafel-Bewegung. Anstatt den Sozialstaatsauftrag des Grundgesetzes zu erfüllen, hat sich der Staat durch die Hartz-IV-Gesetzgebung seiner Pflicht, allen Bürgern ein menschenwürdiges Dasein zu gewähren, entzogen und überlässt den Tafeln die Aufgabe, den bedürftigsten Teil der Bevölkerung mit Nahrungsmitteln zu versorgen. Die Ostromschen Design-Prinzipien können helfen, einen solchen Missbrauch des Commons-Gedankens zu verhindern, indem sie festlegen, wie bürgerschaftliches Engagement organisiert werden kann, um nachhaltige Lösungen für Gemeinschaftsaufgaben zu finden und neue Allmenden zu stiften. Um aber überhaupt in der Lage zu sein, öffentliche Dienstleistungen wie die Daseinsvorsorge nachhaltig zu organisieren und zu finanzieren, ist eine demokratische Kontrolle der Ressourcen unentbehrlich. Noch haben Staat und Kommune die Kontrolle über wichtige Ressourcen, sodass eine demokratische Entscheidungsfindung prinzipiell möglich ist. Diese Souveränität ist den Neoliberalisten aber ein Dorn im Auge, weshalb sie Himmel und Hölle in Bewegung setzen, um sie zu beseitigen. Der vielversprechendste Ansatz, um die Demokratie auszuhebeln, sind Freihandelsabkommen wie TTIP, TISA und CETA. Mit ihrer Hilfe sollen private Schiedsgerichte eingeführt werden, die dann nach und nach die demokratischen Verfassungen geschickt aushebeln können. Das Ziel ist die Errichtung einer handels- und völkerrechtlich verankerten Wirtschaftsoligarchie ohne jede demokratische Kontrolle. Sobald sich die Vertragsstaaten diesem Regime privater Schiedsgerichte unterwerfen, kann die Gemeinschaft eine Privatisierung der staatlichen Daseinsvorsorge und der öffentlichen Infrastruktur nicht mehr verhindern, da internationale Konzerne jederzeit gegen jede demokratische Entscheidung klagen können. Die Zerstörung der Allmende wäre dann vorerst unumkehrbar und eine Re-Allmendisierung oder Rekommunalisierung von Privateigentum im Keim erstickt.

Damit soll nicht einer Abschaffung der Privatwirtschaft das Wort geredet werden. Die Welt der Freien Software zeigt, dass Allmende-Wirtschaft und Privatwirtschaft effektiv und effizient zusammenwirken können. Doch die Prioritäten müssen stimmen. Die Allmende, das Gemeinwohl, die Commons müssen über dem Privatinteresse und dem Privateigentum stehen. Die legale Fiktion Privateigentum darf nur unter der Bedingung der sozialen Nützlichkeit gewährt werden.[89]

---

[89] In der Weimarer Verfassung von 1919 (§ 153, Abs. 3) fand die Sozialpflichtigkeit folgenden Niederschlag: »Eigentum verpflichtet. Sein Gebrauch soll zugleich Dienst sein für das Gemeine Beste.« In Artikel 14 Absatz 2 des Grundgesetzes lautet der entsprechende Passus: »Eigentum verpflichtet. Sein Gebrauch soll zugleich dem Wohle der Allgemeinheit dienen.«

Die Kunst der Allmende

Elinor's Law macht die Funktionsweise von Commoning transparent. Ausgehend von den Ostromschen Design-Prinzipien gelingt es der Commons-Forschung sozioökonomische Phänomene zu beschreiben, die sich bisher dem wissenschaftlichen Zugriff entzogen haben. Zur gleichen Zeit hat die Digitalisierung erstmals in der Geschichte der Menschheit eine immaterielle, nicht rivale Allmende geschaffen, die mit allen Menschen unbegrenzt geteilt werden kann. Die geistigen Kulturgüter der Menschheit werden damit erstmals allen Menschen in gleicher Weise zugänglich. Die Philosophie der freien digitalen Kulturgüter, die ich am Beispiel freier Software vorgestellt habe, und die Commons-Forschung eröffnen uns ein neues Verständnis für eine commons-orientierte Kultur, in der sich der Mensch nicht mehr als profitorientiertes, egoistisches Individuum begreift, sondern als Teil der Menschheit. Regeln und Gesetze neu zu formulieren, genügt aber nicht, um unsere Gesellschaft zu verändern. Elinor's Law und Freiheitsregeln wie die GNU Public License müssen angewendet und gelebt werden. Und genau dafür ist der schöpferische Gestaltungswille des sozialen Künstlers erforderlich, der bewusst an der Sozialen Plastik arbeitet und dafür sorgt, dass Freie Software und andere Freie Produktionsmittel entstehen, der die Wissensallmende schützt und vergrößert, der dafür kämpft, dass Aufgaben der Daseinsvorsorge rekommunalisiert, lebenswichtige Infrastruktur vergemeinschaftet und Privateigentum re-allmendisiert wird. Der Erweiterte Kunstbegriff von Beuys und die Soziale Plastik bereichern die Commons-Forschung um diesen entscheidenden Aspekt einer bewussten transformativen Praxis. Wir benötigen den

Erweiterten Kunstbegriff, um den Neoliberalismus zu überwinden, diesen großen Antagonisten der Allmende und der Sozialen Plastik. Denn die Ideologie, dass der Markt alles richtet, kann und will sich eine bewusste, kreative Gestaltung unseres Zusammenlebens, und damit auch jede wirkliche Veränderung, nicht einmal mehr vorstellen. Der Neoliberalismus ist der Versuch, die soziale Kreativität der Menschen auszuschalten. Die Soziale Plastik entsteht aber genau durch einen bewusst vollzogenen, kreativen, sozialen Prozess, in dem es um eine Allmende geht. Damit dieser Prozess in Gang kommt, müssen sich die Menschen als soziale Künstler verstehen, als Schöpfer ihrer sozialen Umwelt, als verantwortliche Urheber der Sozialen Plastik. Die Schöpfung einer Sozialen Plastik beziehungsweise einer Allmende lässt sich nicht an parlamentarische Vertreter delegieren, die man je nach Stimmungslage wählt oder abwählt. Der Gestaltungswille und die schöpferische Souveränität jedes Einzelnen ist dafür erforderlich. Allmenden lassen sich nicht von oben verordnen. Commoning wächst von unten. Der Gesetzgeber kann das Wachstum begünstigen, wenn er die Ostromschen Design-Prinzipien zur Richtschnur nimmt. Aber Gesetze existieren letztlich nur auf dem Papier. Die Kraft zum Handeln schöpfen wir aus dem Leben. Der Erweiterte Kunstbegriff, der den Menschen als Schöpfer der Sozialen Plastik begreift, stattet den Commoner mit den Eigenschaften aus, die für einen tiefgreifenden Veränderungsprozess notwendig sind: mit dem Gestaltungswillen und der Verantwortlichkeit eines schöpferischen, souveränen Individuums. Gleichzeitig verhindert der Erweiterte Kunstbegriff die Technokratisierung oder Ideologisierung der Allmende. Denn indem man als Sozialer Künstler – und nicht als Sozialist oder Liberaler – an die Gestaltung des Gemeinwesens herangeht, vermeidet man die ideologische Brille, mit der man vorschnell Handlungsoptionen ausschließt und die große Menge möglicher Lösungen auf die vermeintlich *ideologisch korrekten* Optionen reduziert. Der soziale Künstler erweitert seine kreativen Fähigkeiten, indem er die sozialen Skulpturen anderer Kulturen ernst nimmt und eingehend studiert, um sie auf seine Lebenswirklichkeit zu übertragen. Er verweigert sich der *einen richtigen* Lösung, denn die Soziale Plastik kann weder industriell vervielfältigt, noch durch die Umsetzung eines politischen Programms verwirklicht werden. Sie ist der individuelle und originäre Ausdruck einer konkreten sozialen Gemeinschaft.

Der Erweiterte Kunstbegriff und die Idee einer Sozialen Plastik bewahren die Commons-Forschung davor, das Commoning auf die Ostromschen Design-Prinzipien oder andere Regeln zu reduzieren und es als eine weitere funktionale Sozialtechnik zu definieren. Commoning ist keine Technik, die man lediglich vorschriftsmäßig anwenden muss, sondern eine Kunst: die Kunst der Allmende. Commoning gelingt nicht einfach dadurch, dass man bestimmte, wissenschaftlich fundierte Regeln befolgt. Es ist ein kreatives Ereignis, ein Geschenk der sozialen Muse, ein Glücksfall, der unwiederholbar ist. Die Stiftung einer Allmende ist so einzigartig wie die Schöpfung eines großen Kunstwerks. Wenn man sich die realen Machtverhältnisse in der heutigen Welt anschaut, erkennt man schnell, dass der soziale Künstler seine ganze Kreativität benötigt, um an der Sozialen Plastik schöpferisch tätig zu werden. Es wird darauf ankommen, diese Kreativität zu fördern, anstatt sie zu ersticken. Wir benötigen daher auch einen *Erweiterten Bildungsbegriff*, der den Menschen als sozialen Plastiker definiert und ihn darauf vorbereitet, Allmenden zu erkennen, sie zu pflegen, sie gegen Einhegung zu verteidigen und – vor allem – sie neu zu erschaffen, indem er die

Zäune der Einhegung niederreißt und ein Gemeinschaffender wird. Der Erweiterte Bildungsbegriff ist ebenso revolutionär wie der Erweiterte Kunstbegriff, denn er überwindet die verengten individualistischen Bildungsbegriffe, deren Perspektivlosigkeit offensichtlich ist. Er sprengt den radikal verengten Bildungsbegriff des Neoliberalismus, der den Menschen auf seine Zertifikate und seine Funktionsfähigkeit im kapitalistischen Wirtschaftssystem reduziert. Im Neoliberalismus schrumpften unsere Universitäten, die einst, wie die Etymologie des Begriffs trotz allem verrät, für universelles Wissen standen, zu Zertifikatsfabriken. Der Erweiterte Bildungsbegriff, in dem sich der Mensch als Commoner, als Sozialer Plastiker versteht, kann die verengte Perspektive des neoliberalistischen Bildungssektors erweitern und eine neue Universität begründen. Ein solcher Bildungsbegriff überschreitet dabei auch den klassischen Humanismus, der das allseitig gebildete Individuum als erstrebenswertes Ideal sah, und setzt an seine Stelle einen sozialen, das ganze Sein umgreifenden Humanismus, in dem der Mensch als Commoner in eine fruchtbare und existenzielle Beziehung zur ganzen, ihn umgebenden Welt gestellt wird.

Literatur

7000 Eichen, Joseph Beuys. Hrsg. v. Fernando Groener/ Rose-Maria Kandler. Köln 1987.

Adriani, Götz/Konnertz, Winfried/Thomas, Karin: Joseph Beuys. Leben und Werk. Köln 1988.

Althusser, Louis: Ideologie und ideologische Staatsapparate : Aufsätze zur marxist. Theorie ; Positionen / Louis Althusser. [Aus d. Franz. von Rolf Löper ...]. Hamburg, [Berlin] 1977.

Begleitbuch zur Ausstellung Die Rückkehr des Löwenmenschen - Geschichte, Mythos, Magie : Ulmer Museum, 15. November 2013 - 9. Juni 2014 ; ein Projekt des Ulmer Museums und des Landesamts für Denkmalpflege im Regierungspräsidium Stuttgart / [Red. Kurt Wehrberger. Übers. Iris Trautmann]. Hrsg. v. Kurt Wehrberger. Ostfildern 2013.

Beuys, Joseph: Kunst im Wirtschaftsbereich. Hannover 1974.

———: Aufruf zur Alternative. In: Frankfurter Rundschau Frankfurt (1978).

Beuys, Joseph/Fuchs, Rudi: 30 Jahre: Joseph Beuys, 7000 Eichen. Köln 2012.

Broder, Henryk M.: Die Revolution aus dem Filzhut. Wie der Professor Joseph Beuys von mehr Demokratie träumt – und warum sein Traum ein Traum ist. (1972).

Cassirer, Ernst: Idee und Gestalt : Goethe, Schiller, Hölderlin, Kleist / Ernst Cassirer. Darmstadt 1989.

Commons: für eine neue Politik jenseits von Markt und Staat. Hrsg. v. Silke Helfrich/ Heinrich Böll Stiftung. 2. Aufl. Bielefeld 2014.

Creative Commons. 2015. Internet: http://creativecommons. org/. Zuletzt geprüft am: 6.5.2015.

Der wahre Erbe von Joseph Beuys: Zum Tod Christoph Schlingensiefs Monopol - Magazin für Kunst und Leben. 2010. Internet: http://www.monopol-magazin.de/artikel/ 20101739/Christoph-Schlingensief-gestorben.html. Zuletzt geprüft am: 4.2.2015.

Die Welt der Commons: Muster gemeinsamen Handelns. Hrsg. v. Silke Helfrich/ David Bollier/ Heinrich Böll Stiftung. 1. Auflage. Bielefeld 2015.

documenta-Kunst am Pferdemarkt: Beuys-Bäume in desolatem Zustand. (2013). Internet: http://www.hna.de/kassel/ beuys-baeume-desolatem-zustand-2979754.html. Zuletzt geprüft am: 29.8.2015.

Escobar, Arturo: Commons im Pluriversum. In: Die Welt der Commons: Muster gemeinsamen Handelns. Hrsg. v. Silke Helfrich/ David Bollier/ Heinrich-Böll-Stiftung. Bielefeld 2015. S. 334–345.

Free Software Foundation: Was ist Freie Software? Freie-Software-Definition. 2015. Internet: http://www.gnu.org/ philosophy/free-sw.de.html. Zuletzt geprüft am: 15.6.2015.

Gesellschaft (Soziologie). 2015. Internet: http://de. wikipedia.org/w/index.php?title=Gesellschaft_(Soziologie) &oldid=139065442. Zuletzt geprüft am: 7.4.2015.

Goethe, Johann Wolfgang von: Goethes Werke: Vollstandige Ausgabe letzter Hand. 1828.

Hardin, Garrett: The tragedy of the commons. In: science 162/3859 (1968). Internet: http://www.sciencemag.org/

content/162/3859/1243.full.pdf"> Zuletzt geprüft am: 28.12.2015. S. 1243–1248.

Harlan, Volker/Rappmann, Rainer/Schata, Peter: Interview mit Joseph Beuys. In: Soziale Plastik: Materialien zu Joseph Beuys. 3. erweiterte und ergänzte Auflage. Achberg 1984.

———: Soziale Plastik: Materialien zu Joseph Beuys. 3. Aufl. Achberg 1984.

Hasecke, Jan Ulrich: Demeter und die Allmende des Seins: Spekulativer Essay wider die Ahnenlosigkeit und die Anmaßung des Eigentums. Auflage: 1. 2014.

———: juh's Sudelbuch. Zweiter Bd. 2015.

Helfrich, Silke/Bollier, David: Commons als transformative Kraft. In: Commons: für eine neue Politik jenseits von Markt und Staat. Hrsg. v. Silke Helfrich/ Heinrich-Böll-Stiftung. Bielefeld 2014. S. 15–23.

Hofer, Karin M.: Fluxus, Event, Flashmob und res publica-Beispiel eines Kulturellen Kreislaufs. 4 (2012). Internet: http://edoc.hu-berlin.de/docviews/abstract.php?id=39661. Zuletzt geprüft am: 19.5.2015.

Holtfreder, Peter/Ebert, Susanne/König, Manfred/Schweigert, Eberhart: Interview mit Joseph Beuys. (1973).

Jappe, Georg: Joseph Beuys soll gehen. Soll er? (1968).

———: Etwas sinnlich Greifbares muß entstehen. (1972).

Kaiser, Reinhard: Global 2000: der Bericht an den Präsidenten. Frankfurt am Main 1981.

Kiesewetter, Hubert/Popper, Karl R.: Gesammelte Werke 5: Die offene Gesellschaft und ihre Feinde, Band 1: Der Zauber Platons. 8., A. Tübingen 2003.

Kracauer, Siegfried: Das Ornament der Masse : Essays / Siegfried Kracauer. Mit einem Nachw. von Karsten Witte. [6. Aufl.]. Frankfurt am Main 1994.

Kratzwald, Brigitte: Commons und das Öffentliche. Wem gehören öffentliche Dienstleistungen? In: Commons: für eine neue Politik jenseits von Markt und Staat. Hrsg. v. Silke Helfrich/ Heinrich-Böll-Stiftung. Bielefeld 2014. S. 79–84.

LibreOffice. In: Wikipedia. 2015. Internet: https://de.wikipedia.org/w/index.php?title=LibreOffice&oldid=148280937. Zuletzt geprüft am: 2.12.2015.

Linebaugh, Peter: The Magna Carta manifesto: liberties and commons for all. Berkeley, Los Angeles, London 2008. Internet: https://books.google.de/books?isbn=0520932706. Zuletzt geprüft am: 2.12.2015.

Maslow, A.H.: A Theory of Human Motivation. In: Psychological Review 50 (1943). Internet: http://psychclassics.yorku.ca/Maslow/motivation.htm. Zuletzt geprüft am: 17.11.2015. S. 370–396.

Maslow, Abraham H: Motivation and personality. New York 1954.

Nietzsche, Friedrich: Also sprach Zarathustra. 1. Auflage. Chemnitz 1883.

Pelzer, Stefan/Ruch, Philipp: C3TV - Mit Kunst die Gesellschaft hacken. 31C3: a new dawn, Hamburg 2015. Internet: http://media.ccc.de/browse/congress/2014/31c3_-_6584_-_de_-_saal_2_-_201412271400_-_mit_kunst_die_gesellschaft_hacken_-_stefan_pelzer_-_philipp_ruch.html\Ux {23}video. Zuletzt geprüft am: 4.2.2015.

Popper, Karl R./Popper, Karl R.: Die offene Gesellschaft und ihre Feinde. Bd. 2. Falsche Propheten: Hegel, Marx und die Folgen. 8. Aufl., durchges. und erg. Tübingen 2003.

Quilligan, James B.: Warum wir Commons von öffentlichen Gütern unterscheiden müssen. In: Commons: für eine neue Politik jenseits von Markt und Staat. Hrsg. v. Silke Helfrich/ Heinrich-Böll-Stiftung. Bielefeld 2014. S. 99–106.

Riegel, Hans-Peter: Beuys. Die Biographie. Auflage: 1. Berlin 2013.

Sacks, Shelley/Kurt, Hildegard: Die rote Blume: ästhetische Praxis in Zeiten des Wandels. Klein Jasedow 2013.

Schiller, Friedrich von: Ueber die ästhetische Erziehung des Menschen in einer Reyhe von Briefen. 1. Auflage. Tübingen 1795.

Scholl, Mareen: Soziale Plastik 48 Stunden Neukölln. (2012). Internet: http://magazin.cultura21.de/_data/magazin-cultura21-de_addwp/2012/03/Mareen_Scholl_c21_ebook_vol5.pdf. Zuletzt geprüft am: 3.2.2015.

Soziale Dreigliederung. 2015. Internet: https://de.wikipedia.org/w/index.php?title=Soziale_Dreigliederung&oldid=147101786. Zuletzt geprüft am: 13.11.2015.

Spottiswoode, Silvio: Protest als soziale Plastik. (2014). Internet: https://www.freitag.de/autoren/auerbach/protest-als-soziale-plastik. Zuletzt geprüft am: 3.2.2015.

Stallman, Richard: The GNU Manifesto. 1985. Internet: http://www.gnu.org/gnu/manifesto.html. Zuletzt geprüft am: 14.6.2015.

Steiner, Rudolf: Die Erziehungsfrage als soziale Frage. Die spirituellen, kulturgeschichtlichen und sozialen Hintergründe der Waldorfschul-Pädagogik. Sechs Vorträge, gehalten in Dornach vom 9. bis 17. August 1919. Dornach/Schweiz 1991.

Šik, Ota: Der dritte Weg : die marxist.-leninist. Theorie u. d. moderne Industriegesellschaft / Ota Šik. 1. - 10. Tsd. Hamburg 1972.

The GNU General Public License v3.0 - GNU Project - Free Software Foundation. 2007. Internet: http://www.gnu.org/copyleft/gpl.html. Zuletzt geprüft am: 6.5.2015.

Unsleber, Steffi: Bedingungsloses Grundeinkommen: Hungern gegen Hartz IV. (2013). Internet: http://www.taz.de/!117745/. Zuletzt geprüft am: 19.5.2015.

Wilde, Rafaela: Vorratsdatenspeicherung bei Urheberrechtsverletzungen? 2011. Internet: https://www.wbs-law.de/urheberrecht/vorratsdatenspeicherung-bei-urheberrechtsverletzungen-9847/. Zuletzt geprüft am: 3.7.2015.

Wily, Liz Alden: Globaler Landraub. Die neue Einhegung. In: Commons: für eine neue Politik jenseits von Markt und Staat. Hrsg. v. Silke Helfrich/ Heinrich-Böll-Stiftung. Bielefeld 2014. S. 166–176.

Version: 252f450